足利銀行一時国有化と
企業再生の軌跡

――歴史の記録として――

元㈱とちぎインベストメントパートナーズ　山﨑美代造
代表取締役社長・農学博士
公認会計士・税理士　斎藤秀樹
弁護士　蓬田勝美

下野新聞社

目　　次

まえがき……………………………………………………………… 14

第 I 部
足利銀行の一時国有化に至る要因分析及び企業再生の手法と実績評価

第1章　課題の設定 ……………………………………………… 18

第2章　足利銀行の生成過程…………………………………… 19
　　第1節　足利銀行成立の背景　………………………………　19
　　第2節　足利銀行の設立から破綻までの主要な歴史　…　21

第3章　足利銀行経営破綻の背景概観……………………………23
　　第1節　世界的歴史の潮流の大変革　………………………　23
　　第2節　米国の世界戦略と日本の態度　……………………　23
　　　　1. 米国の世界戦略
　　　　2. 日本の態度
　　第3節　わが国における不良債権発生の原因 ……………　28

第4章　足利銀行の県内経済への役割 ………………………33

第 1 節　県内貸出残高及び預金残高に占める
　　　　　足利銀行の位置 …………………………………… 33
　　　　　1. 県内総貸出残高に占める位置
　　　　　2. 貸出シェアの推移
　　　　　3. 業種別貸出残高とシェアの推移
　　　　　4. 貸出金担保残高の推移
　　　　　5. 県内中小企業向け総貸出残高に占める位置
　　　　　6. 県内の総預金残高に占める位置

第 2 節　公共関連における足利銀行の位置 ……………… 41
　　　　　1. 県内の総生産額に占める位置
　　　　　2. 県内地方公共団体貸出残高に占める位置
　　　　　3. 県の起債に占める位置
　　　　　4. 県制度資金融資に占める位置
　　　　　5. 県信用保証協会保証債務残高に占める位置
　　　　　6. 公金取り扱い自治体に占める位置
　　　　　7. 県内経済への主導的役割

第 5 章　足利銀行経営破綻までの経営状況概観 ……………44
第 1 節　実質業務純益の推移 ………………………………………… 44
　　　　第 2 節　2003 年 3 月期足利銀行単体の当期利益 ……… 46
　　　　第 3 節　2003 年 9 月決算期 ……………………………… 47

　　　　第4節　繰延税金資産の否認前と否認後の比較 ……… 49

第6章　足利銀行経営破綻の要因……………………………………50
　　　第1節　間接的要因 ………………………………………… 50
　　　第2節　直接的要因 ………………………………………… 51
　　　　　　1. パックス・アシカガーナ的経営のジレンマ
　　　　　　2. 企業経営意識の希薄化と自治体行政の頼り過ぎ
　　　　　　3. 不動産担保中心の融資拡大策と担保価値の下落
　　　　　　4. 戦後初の当期損失等財政悪化の顕在化
　　　　　　5. 長期デフレから生ずる過重な不良債権処理
　　　　　　6. 不十分な所管行政官庁等の指導監
　　　　　　7. 監査法人の一貫性のない会計基準の適用
　　　第3節　足利銀行の経営破綻と一時国有化 …………… 59

第7章　預金保険法適用と問題点の比較並びに
その地域への影響……………………………………………60
　　　第1節　りそな銀行と足利銀行との比較とその評価 …… 60
　　　　　　1. 預金保険法102条1項1号適用のりそな銀行の経
　　　　　　　 営再生履行状況
　　　　　　2. 預金保険法適用後の足利銀行の業務実績の推移
　　　　　　3. 預金保険法102条1項1号と3号適用の評価

第2節　地域経済への影響 …………………………… 67
　　1. 地域金融機関への一律国際的会計基準等適用の問題点
　　2. 地域政治経済の混乱

第8章　中小企業再生への取り組み ………………72
第1節　栃木県における企業再生の目的…………… 72
第2節　再生方法 …………………………………… 73
　　1. 経営再生不可能企業
　　2. 経営再生可能企業
　　3. 企業再生に伴う問題点
第3節　栃木県の地域ファンドの特色とスキーム ……… 75
　　1. 特色と課題
　　2. 地域ファンドスキーム
第4節　投資と回収手法 …………………………… 77
　　1. エクイティ型
　　2. デット型
第5節　企業再生の戦略と役割 …………………… 78
　　1. 戦略
　　2. 役割
第6節　企業再生までの手順 ……………………… 79
第7節　とちぎ地域ファンドの実績 ……………… 82

　　　　1. Aファンドの案件について

　　　　2. Bファンドの案件について

　　　　3. Aファンド、Bファンドの全体結果

第9章　中小企業再生支援の評価と課題 ……………………86
　　第1節　ファンドによる支援の評価 …………………… 86
　　　　1. 県内経済への影響を最小限に
　　　　2. 企業再生ビジネスモデルの構築
　　　　3. 県中小企業への再生専門家によるノウハウの移植効果
　　　　4. 企業再生の具体的効果と地域経済への影響
　　　　5. 再生対象企業からの波及的経済効果
　　第2節　中小企業経営の課題 ……………………………… 89
　　　　1. 勘と慣習や公私混同で経理処理されている家計と企業的経理
　　　　2. トップの独断専行経営の弊害と家族的経営の限界
　　　　3. 近代的経営の科学的基礎データの未整備と会計事務所任せの経営
　　　　4. ポイズン・ピルになりかねない安易な融資支援依存と融資
　　　　5. 税理士、銀行任せの経営から経営者主体の経営へ
　　第3節　中小企業再生に当たっての課題 …………… 92

　　　　　　　1. 実態的課題

　　　　　　　2. 制度的課題

第10章　足利銀行の経営破綻が地域経済にもたらしたもの　……97
　　　　第1節　足利銀行経営破綻の要因と制度的問題点　……　97
　　　　　　　1. 足利銀行経営破綻の要因
　　　　　　　2. 制度的問題点
　　　　第2節　足利銀行の経営破綻の教訓　………………………　100
　　　　　　　1. 地域経済に残したもの
　　　　　　　2. 発展するのは改革に目覚めた企業
　　　　　　　3. 計画策定後のモニタリング及び科学的・近代的経営
　　　　　　　　 管理手法の学習
　　　　　　　4. 企業再生に重要な現実的対応
　　　　　　　5. 新生足利銀行に求められる課題
第11章　結び　………………………………………………………　105

第Ⅱ部

企業再生に係る私的手続と税務及び金融機関関係

第1章　栃木県における私的整理に基づく中小企業再生支援策 … 110

第1節　本章の概要 ……………………………………… 110

第2節　私的整理に関するガイドラインについて

　　　　―主として会計制度的視点から― ………… 110

　　1. 私的整理に関するガイドラインの必要性について

　　2. 私的整理ガイドラインのメリット

　　3. 私的整理ガイドラインに基づいた私的整理手続の要件

　　4. 私的整理ガイドラインの限界

第3節　産業再生機構について ……………………… 113

　　1. 設立の経緯と存続期間

　　2. 私的整理の枠組みでの金融支援

　　3. IRCJの支援先と中小企業再生

第4節　中小企業再生支援協議会について …………… 121

　　1. 中小企業再生支援協議会の制度概要

　　2. 私的整理に関するガイドラインとの関係

　　3. 栃木県における中小企業再生支援協議会の実績

　　4. 中小企業再生支援協議会の役割の変化

第5節　点の再生から面の再生へ ……………………… 129

　　　　　　1．栃木県における地域事業再生ファンドの必要性

　　　　　　2．中小企業再生支援のための提言

第2章　栃木県における関東自動車の再生支援の意義と結果　133
　　　第1節　関東自動車における財務再生支援のあらまし … 133
　　　第2節　都市交通インフラ事業について …………………134
　　　　　　1．都市における交通インフラ事業の意義と社会的責任
　　　　　　2．全国の乗合バス事業の経営実態
　　　　　　3．栃木県における関東自動車の位置付け
　　　第3節　関東自動車の再生支援について　………………139
　　　　　　1．関東自動車の再生支援の意義
　　　　　　2．関東自動車の再生スキーム
　　　　　　3．関東自動車の事業計画の骨子
　　　　　　4．関東自動車の再生マネジメントについて
　　　第4節　関東自動車の再生支援の結果について　………152
　　　　　　1．財務的観点
　　　　　　2．マネジメントによる企業体の活性化
　　　　　　3．企業再生手法のノウハウの伝播

第3章　企業再生税制の拡充……………………………………158
第1節　企業再生税制の必要性……………………………………158

第 2 節　債務免除額の考え方 …………………………………… 160
第 3 節　企業再生税制の拡充の必要性 ………………………… 163
第 4 節　企業再生税制の対象スキーム ………………………… 164
第 5 節　資産の含み損益に関する損金益金算入 ……… 170
第 6 節　中小企業再生支援協議会の資産評定基準 …… 172
第 7 節　期限切れ欠損金の利用 ………………………………… 177
第 8 節　青色欠損金の利用制限 ………………………………… 178
第 9 節　DES の取扱いの明確化 ………………………………… 181
第10節　第二会社方式の特例 …………………………………… 182

第 4 章　企業と金融機関との関係正常化 ……………………… 189
第 1 節　はじめに ………………………………………………… 189
第 2 節　企業が知らない金融機関からの企業の見方 …… 191
第 3 節　要管理先企業の経営改善計画の目指すべき数値水準 … 197
第 4 節　破綻懸念先企業の経営改善計画の目指すべき
　　　　数値水準 ………………………………………………… 198
第 5 節　経営改善計画における企業としての考慮事項 … 200
第 6 節　経営改善計画の進捗確認 ……………………………… 205
第 7 節　企業から金融機関へ求めていくべきこと ……… 207

第Ⅲ部
企業再生に係る法制度の変遷と問題点

序	………………………………………………………… 212
第1章	**倒産法制の整備と運用の変遷について** ……………… 213
第1節	はじめに ……………………………………………… 213
第2節	民事再生法の制定 …………………………………… 213

　　　　1. 再建型倒産手続

　　　　2. 和議手続

　　　　3. 会社整理手続

　　　　4. 当時の和議及び会社整理の状況

　　　　5. 民事再生手続

　　　　6. 栃木県内の運用状況

　　　　7. その他

第3節	破産法の改正 ………………………………………… 225

　　　　1. 破産法の沿革

　　　　2. 新破産法の制定（破産法の改正）

　　　　3. 破産法の性格の移り変わり

　　　　4. 破産手続の運用の変遷

　　　　5. 法人破産の同時廃止

　　　　6. 東京地方裁判所への申立て

　　　　　　7. 破産事件の動向

　　　　　　8. 破産手続を利用した事業譲渡

　　第4節　会社更生法 ………………………………………… 239

　　　　　　1. 会社更生法の改正

　　　　　　2. DIP型会社更生手続

　　　　　　3. 宇都宮地方裁判所の状況

　　第5節　特別清算 …………………………………………… 242

　　　　　　1. 特別清算とは

　　　　　　2. 破産手続との差異

　　　　　　3. 特別清算の運用

　　第6節　各倒産手続の役割 ………………………………… 244

　　　　　　1. 清算型と再建型にとらわれない発想

　　　　　　2. 手続間のブリッジの必要性

第2章　私的整理―主として法制度的視点から― ……………… 249
　　第1節　はじめに …………………………………………… 249
　　第2節　私的整理ガイドライン …………………………… 250
　　　　　　1. 私的整理ガイドラインとは
　　　　　　2. 法的側面からのいくつかの問題点
　　第3節　整理回収機構 ……………………………………… 256
　　　　　　1. 概要

　　　　2. 整理回収機構の企業再生スキーム
　　　　3. 実績
　　　　4. 栃木県内の状況
　　　　5. 債権譲渡

第3章　私的整理と倒産法制 ……………………………… 260
　　第1節　私的整理と法的手続の役割分担 ……………… 260
　　第2節　私的整理と法的手続のブリッジ ……………… 261
　　第3節　事後処理型と事前調整型 ……………………… 261

第4章　第二会社方式 ……………………………………… 263
　　第1節　第二会社方式 …………………………………… 263
　　第2節　会社分割 ………………………………………… 263
　　　　1. 会社分割とは
　　　　2. 会社分割の濫用

第5章　最後に ……………………………………………… 266

あとがき ……………………………………………………… 268
著者略歴 ……………………………………………………… 270

まえがき

　本書は単なる読み物でない。栃木県経済史における忘れ残りの記として、県民のだれもがまさかと思った足利銀行一時国有化の、あの時々のことを書き遺したいと思いまとめた。

　足利銀行の歴史は繊維産業を中心とした軽工業とともに生まれ、成長し、戦後の重化学工業の発展とともに県内経済の主導役になり、そして、重化学工業の成熟化、情報産業化、国際経済化の中で、県内金融シェアが国内金融機関内で突出していたが故に、国のバブル経済の失政等、国内経済の好不況の影響をまともに受けながら生きてきた。

　それを前提に、本県経済史の中で、どういう背景で足利銀行が生まれ、本県の経済、政治、文化の中でどのような役割を果たし、どう成長してきたか。その結果、なぜ、本県経済の牽引車であった巨大金融機関が破綻したのか。そして、金融機関の破綻は地域経済にどのような影響を与え、それを回復するための苦しみ企業再生の手法、破綻によって学習した企業経営の心構え等を考察する。

　これらは、単に足利銀行のみの問題ではない。対岸の火事もでない。金融機関は勿論、企業経営者、行政等、自らの身がいつ苦境の中に立たされるか分からない。企業再生の過程の中で課題と戦い、死に物狂いで経営再生にあたった人々の有様は生きた人間ドラマであり、企業経営者は人生の教訓として得たものは計り知れない。また、足利銀行の経営破綻は、県内企業経営関係者に対しては、現状に安眠していられない「目覚まし時計」としての警鐘だったと捉えるべきである。

県民誰もがまさか、足利銀行の経営が破綻することはない、との不倒神話を信じていた。それが破綻した。その根底には、資本主義社会では競争が基本であり、一時でも改革・改善を怠れば敗者になるという原理がある。そして、いったん破綻したものを再生するには、どれほど大変な労力を要するか。

　企業再生の仕事の中で、破綻、失敗の要因を突き詰めて一言に濃縮すると「奢り、慢心と油断」だということを身にしみるほど学習した。このことは、人それぞれの仕事や人生でも共通した定理のように思う。しかし、とかく時が経つと、そのことが色褪せ、経験者は勿論、語り伝える者もいなくなる。その時、また同じことが起きることを懸念する。

　第Ⅰ部では、足利銀行の生成、隆盛から破綻までの県産業経済の振興の足跡を俯瞰しながら、その原因、預金保険法適用の評価、監査法人の対応措置、全国に先駆けて作られた中堅企業向けと中小企業向け２つのファンド機能を持つ官民協調の形式と規模の企業再生ファンドを活用した再生手法と、その効果及びその検証を行う。

　第Ⅱ部では、企業再生に係る会計制度的視点から、実際に携った、バス自動車会社の再生事例を紹介しながらの分析整理を行う。

　第Ⅲ部では、企業再生の手続き中心の法的側面から整理することとした。

　著者の視点は、学問的専門的視点というよりは、直接現場で、県民の肌で感じる視点で考え、得たものからの分析整理である。したがって、専門家、企業関係者等の立場、視点、考え方からからすると捉え方が相違する点があるかもしれない。しかし、それはそれとして、この拙書の分析整理の不十分さを、それぞれの方々に補充いただきながら、思考、捉え方の何らかのきっ

かけや材料、あるいは、忘れかかったあの時の、あの事の歴史のメモリーとして、思い起こすための一助になればと思っている。
　平成 27 年　3 月

山﨑美代造
斎藤秀樹
蓬田勝美

第Ⅰ部

足利銀行の一時国有化に至る要因分析及び
企業再生の手法と実績評価

山﨑美代造

第1章　課題の設定

　本稿では、栃木県の金融占有率の約半数を占めるメガバンク足利銀行の経営破綻の意義、その要因、地域経済への影響、そして、その経済的危機回避のための企業再生の対応策と企業再生の制度的、実態的課題の分析を含め整理する。

　第2章では、足利銀行の生成の歴史的背景及び、設立から経営破綻に至る主要な歴史をたどる。第3章では、足利銀行の経営破綻の背景としての世界経済の流れ、なかんずく、米国の世界戦略とそれに対する日本経済の状況と政府のとった態度、その結果、わが国の金融機関の不良債権発生の原因について概観する。第4章では、地域経済への影響の前提となる足利銀行の県内経済での位置、役割がどうであったかを分析する。第5章では、経営破綻の判断になった2003年9月期までの経営状況を主な指標で見る。特に、第4節で債務超過の決定的決め手になった繰延税金資産の会計の処理前と処理後の比較検討をし、問題点を探る。第6章では、経営破綻の原因を、足利銀行経営外の国家政策的な間接的要因と足利銀行経営自身に起因する直接的要因に分けて分析する。第7章では、その経営破綻が地域経済にどのように影響するか、その基準となる金融庁検査の基準の地方銀行適用の妥当性、公的関与の法的根拠の預金保険法102条1項1号適用のりそな銀行と3号適用の足利銀行の適用事例比較による評価を行う。第8章では、金融シェアの大きい地域金融機関の経営破綻の結果、影響を受ける融資先企業の再生の具体的手法のビジネスモデルの構築と実績について述べる。第9章では、企業再生支援の評価と、そこから浮き彫りにされた中小企業一般の現場の実践的課題の分析を行う。第10章では足利銀行の経営破綻が地域経済にもたらしたものを全体的に総括整理する。

第 2 章　足利銀行の生成過程

本章では主として『足利銀行史（株式会社足利銀行、1985年8月25日）』によりながら足利銀行設立の背景、設立から経営破綻までの主な歴史的経過を振り返ることにする。

第 1 節　足利銀行成立の背景

1877（明治10）年〜1887（明治20）年にかけて日本の金融制度は未発達だった。一方、栃木県の産業面において、足利地方では織物を中心とした地場産業が急速に発展していた。

1895（明治28）年頃になると、足利地方の織物業の進展は著しく、日清戦争後の輸出向け織物の急速な増加と飛躍的進展は、この地方における織物業の生産様式の近代的大規模工場経営への転換を推し進めた。その結果、設備投資のための資金需要が増加していった。当時、足利地域には第四十国立銀行と第四十一国立銀行だけがあった。

「資金不足のため物産金融については花主（得意先）の需求（もとめ）を満足させないし、この対策として資本金の増加を図るほかない（第四十一国立銀行、1881（明治14）年下半期『第七回半季実際考課状』）」と言われているとおり、当時、「足利織物に対する需要は年々高まり、販売高は、1894（明治27）年300万円、1895（明治28）年には600万円を上回るほどになり、業界の資金需要は急速に増大した。業界は、金融体制が未整備のため、織物取引決済は織元、買継商、糸商の前貸しや高利貸しに依存せざるを得なかった。しかし、これらの金融機能では、近代的機械化投資に対する資金需要には限界があっ

た。また、「四十国立銀行の足利支店等では、もはや対応することが困難になった。」とあるように、資金需要への対策が緊急の課題となっていた。

このような状況を打開するには、産地金融の円滑化が是非とも必要になっていた。そして、これらを背景に、業界からは新たな地元資本による銀行の設立が緊急の課題として要請されていた。

第2節　足利銀行の設立から破綻までの主要な歴史

このような状況下で、地元有志が中心になって国に働きかけていた足利銀行の設立努力がやっと実り、1895（明治28）年8月31日設立認可（大蔵大臣子爵渡辺国武）が降りた。

営業所は足利郡山前村大字山下164番地に置いた。日清戦争の勝利は、朝鮮の日本支配による市場拡大、賠償金による国内産業の発展を産み、栃木県でも足利地方を中心に繊維産業が急速に発展していった。

明治から大正に変わり、1923（大正12）年の関東大震災は正貨準備を減少させ、為替相場は下落して、国内経済は不況に突入して深刻な状況に陥った。

大正が改元して昭和になると、このような状況に対処するため1927（昭和2）年1月、国会に「震災手形善後処理法」と「震災手形損失補償公債法」の2法案が提出された。ところが、このことが震災手形所持銀行に不安を発生させて、更に不況が重なり、休業、取り付けが発生した。

1927（昭和2）年3月14日には、片岡直温蔵相が東京渡辺銀行破綻の内報に言及したことが発端になり、翌15日、東京渡辺銀行と同系赤字の貯蓄銀行が休業することになった。このことが流言飛語を生み、京浜地区のほとんどの銀行が取り付けを発生させ、休業になる銀行が続出した。更に、震災関連法の付帯条件付

き成立が国民の不安を一層掻き立て、取り付け騒ぎが台湾銀行に派生し、突然の休業に陥らせた。これが更に金融界に緊張感を与え、金融恐慌へと突入していった。これらが要因となって、ついに若槻禮次郎内閣は総辞職となった。続いて組閣した田中義一内閣（高橋是清蔵相）は同年4月22、23日の両日、全国銀行を一斉休業にした。そして「日本銀行特別融通及損失補償法―払い戻し限度5億円」及び、「台湾の金融機関に対する資金融通に関する法律―払い戻し限度2億円」の成立で平穏にもどった。しかしながら、37行に及ぶ銀行の休業で経済界は緊張と狂乱を巻き起こし、商取引は萎縮した。

昭和に入って金融機能を安定、充実させるため1927（昭和2）年3月30日、銀行法が公布された。法の目的は①銀行資力の充実、②堅実経営の助長、③預金者保護、④銀行の監督、⑤不当競争防止、⑥銀行整備進展であった。この法律がその後の銀行と大蔵省との護送船団体制の原点になっていった。

他方、1929（昭和4）年10月24日、ニューヨークのウォール街の株価暴落から始まり、米国恐慌が巻き起こった。日本政府は為替相場を回復させ財政の健全化を図るため、金解禁を実行した。しかし、世界経済は米国の恐慌が波及しすでに不況に突入していた。この結果、物価が下落してデフレ圧力が生じ、そのうえ輸出の減少と世界恐慌が加わり、日本経済は深刻な不況に陥った。

1931（昭和6）年9月18日、満州事変が勃発した。そのため国の公債費が増大した。1936（昭和11）年の2・26事件で岡田啓介内閣が総辞職して廣田弘毅内閣が成立。廣田内閣は、公債漸減主義の放棄と増税及び低金利政策を打ち出した。

国内政治の軍国体制が色濃くなるにつれ、国は1936（昭和11）年5月、国家金融統制を目的にし、地方銀行を対象に一県一行主義を表明した。

これを受け、栃木県内でも合同が進んだ。県内銀行設立状況をみると

第Ⅰ部　足利銀行の一時国有化に至る要因分析及び企業再生の手法と実績評価

　1879（明治12）年末、国立銀行設立は打ち切られ、佐野銀行（1880〈明治13〉年6月3日）の設立から1912（大正元）年までに52銀行が設立された。その後、銀行の合同が進展した。

　足利銀行は1895（明治28）年8月31日の設立後、1920（大正9）年2月29日の佐野銀行との合併をはじめに合併譲受を行い、1944（昭和19）年3月6日の下毛貯蓄銀行の譲受を最後に24銀行の合併、譲受を受け、事実上、一県一行の実力を持つ銀行になっていった。

　1967年2月13日、本店を足利市から県都宇都宮市に移転した。理由は1961年頃から始まった県の工業団地造成政策等により工場立地が進み、県内産業構造の変化——繊維中心の軽工業から機械、電気機器、輸送用機械、精密機械工業の重化学工業への産業構造の転換等に対する営業地域の拡大への全県域対応のためであった。また、首都圏周辺地域の開発等に伴い政治、行政、産業経済、文化、交通等の中心地として重要な役割を担う宇都宮市を選んだ。

　その後、日本の高度経済成長と県の工業団地造成施策の積極的推進等による産業立地の進展により県内経済は活発化し、それと並行して足利銀行も成長路線を続け、県内の金融シェアの50％弱を占めるまでになっていった。しかしながら、1980年代前半から始まったバブル経済が1991年頃崩壊して資産デフレが襲い、足利銀行は県内金融シェアが突出して大きいだけに不良債権化によるダメージが大きくなっていった。

　そして、2003年11月29日、9月中間決算で1,023億円の債務超過となったことから、国は事実上破綻と認め、預金保険法102条1項3号の規定により、国の特別危機管理銀行に認定され、足利銀行の全株式を国（預金保険機構）が強制取得して、一時国有化による国管理の銀行になった。

　〈参考文献〉　足利銀行調査部『足利銀行史』（足利銀行、1985年）

第3章　足利銀行経営破綻の背景概観

ここでは、わが国の金融ビッグバン、足利銀行をはじめとした金融機関の経営破綻、そして不良債権を抱える大きな原因になる歴史的背景を、特に米国の世界金融戦略を主点において世界的歴史の流れを概観する。

第1節　世界的歴史の潮流の大変革

1989年から東欧諸国社会主義体制は崩壊し始めた。ポーランドでは自主管理労組の連帯が誕生した。ハンガリーでは一党独裁の放棄という事態になり、共産主義国からハンガリーを通じて労働力の資本主義国への流入が始まった。東ドイツではホーネッカー政権が倒れた。ルーマニアではチャウシェスク政権が崩壊。11月にはベルリンの壁が崩壊し、1991年12月、ソビエト連邦は69年の幕を閉じた。

一方、資本主義国側は大きな経済的変化を余儀なくされた。共産国と開発途上国から大量の低賃金労働者が流れ込み、世界的デフレが直撃した。

第2節　米国の世界戦略と日本の態度

1．米国の世界戦略
(1)　金融の自由化

米国は財政収支と貿易収支の赤字で苦しんでいた。その解決策として、金融を世界覇権戦略に織り込んだ。キーワードはグローバリゼーションであった。1984年、米商務省は1983年度の対日貿易赤字200億ドルを突破したと発表

した。このような状況を受けて、レーガン大統領は財政赤字削減案に署名した。1984年度の対日貿易赤字は376億9,600万ドル、経常収支赤字は1,016億ドルにのぼった。1986年2月28日、米対外貿易赤字が史上最高と発表され、500億ドルに迫る巨額の対米貿易黒字国である日本が打開を図るためのターゲットにされた。そして、「日米円ドル委員会報告」を機に急速に日本の金融自由化は進展をみせた。

1984年の日米円ドル委員会は次のことについて合意した。

① 米国の世界経済戦略であるグローバリゼーション展開の一環として、日本経済の国際化への進展。

② 世界的な流れとしての外国為替及び外国貿易法の改正。

③ 日本の金融の自由化と内需拡大、及び貿易立国への産業構造の改革。

特に、為替の自由化は日本企業及び個人の海外取引、外貨取引の自由化（大蔵省の許可、届け出制の撤廃）を推進することであった。具体的には、下記のように以前（括弧内）は許可や事前届けが必要だったものが規制が緩和され自由になった。

・海外預金の保有が可能（許可制の撤廃）

・海外貸借が可能（事前届け）

・居住者の外貨円建て取引、決済が可能（許可制）

・国内投資家が海外投資家からの直接株式、債券購入可能（届け出制）

・相殺、マルチネッテング等の決済可（許可制）＝企業の効率的資金管理が可能

この結果、日本の企業と投資家が海外市場を、海外の企業と投資家が日本市場を、お互いに利用できるようになった。一方、このような資本市場の発展は、大企業の銀行に代わる資金調達源になり、資金調達の銀行依存度を大きく低

第 3 章　足利銀行経営破綻の背景概観

下させる要因になっていった。一方、金融機関はそれに見合った融資対象を積極的に開拓する必要性があった。

(2) プラザ合意と為替戦略

　1985年9月22日には、G5(「先進国5ヶ国蔵相・中央銀行総裁会議」)において、「ドル高修正のための為替市場への協調介入の強化」で合意した。このドル高政策放棄のプラザ合意の結果、円が急騰し、1985年2月の1ドル263円から、1988年には1ドル120円台と円高が急速に進展した。

　また、1989年の日米構造協議で米国は、日本へ次のことを要求してきた。
　　① 1991年から10年間で430兆円の公共投資をすること。
　　② 住宅、宅地供給の税制と市街地開発地域規制の緩和。
　　③ 大規模小売店舗法改正となどの市場開放と規制緩和策。

2. 日本の態度
(1) 一般経済の流れ

　1985年のG5以降始まった円高は日本の輸出産業に決定的打撃を与えるため、学者も財界人も円高不況を乗り切るためには内需を拡大するしかない、という合唱が強まった。1985年に経済対策閣僚会議の内需拡大に関する作業委員会が「内需拡大に関する対策」を決定した。1986年4月には、国際協調のための経済構造調整研究会報告(座長―日本銀行総裁　前川春雄＝前川リポート)が出された。そして、対外不均衡の原因は輸出依存型経済の解消と内需主導型経済への転換であることを明確にした。これが事実上の国際公約となった。

　1986年5月に「民間事業者の能力の活用による特定施設の整備の促進

に関する臨時措置法＝民活法」が成立し、優遇税制、建設費の一部助成、市街化調整地域の市街化区域編入、開発許可の弾力的実施等、企業化のための基盤整備、研究開発等しやすくするほか、1987年12月には、「総合保養地域整備法＝リゾート法」が制定され、全国で開発ブームが起きた。これらが民間デベロッパーの群がりと地価高騰の引き金を作った。

　国は1987年5月には公共投資等6兆円を上回る財政措置による内需拡大を講じることを決定するとともに、公定歩合は1986年1月から1987年2月にかけて5回にわたり引き下げられ、その後景気は確かなものになったにもかかわらず、1989年5月まで2.5％という史上最低水準に据え置かれた。このことは、1987年2月の公定歩合引き下げ直後の1987年10月のニューヨークの株価市場最大の下げ幅を記録するブラックマンデーが起きたことの世界経済への影響、海外からの対外収支均衡に向けた一層の内需拡大や日本と米国との金利差維持が国際協調として求められていたことがその背景にあった。これらが未曾有の金余り現象をつくり、1986年から1991年まで、いざなぎ景気に匹敵する長いバブル景気を形成していった。

(2) 日本の金融政策の態度

　世界的金融自由化の中で、国の金融当局はあくまで、規制温存と護送船団方式の日本型システムに固執し、漸進的金融自由化を選択した。その結果は、1997年から1998年にかけて、山一證券㈱、㈱北海道拓殖銀行、㈱日本債券信用銀行の経営破綻を起こし、日本金融システムの混乱と不安を引き起こした。

　つまり、米国の世界制覇戦略の中で、1996年からの金融ビックバンに対する日本国策の失敗が金融問題へしわ寄せされ、不良債権発生の大きな1つの要因に繋がっていった。

日本の通貨政策と金融自由化の系譜

年	月.日	事項
1983	12.27	第2次中曽根内閣発足
1984	1.27	米商務省、1983年対日貿易赤字が初めて200億ドル突破と発表
	2.23	日米円ドル委員会
	3. 2	ニューヨーク外国為替市場で円急騰、1年2ヶ月ぶりに1ドル227円50銭から80銭に
	5.30	日米円ドル委員会最終報告発表
		米国→グローバリゼーションの展開のなかで日本の国際化進展要請
		日本→金融自由化、内需拡大、産業構造の改革
		世界へ→為替自由化のための外為法改正
		外為法改正内容
		・日本企業や個人の海外取引、外貨取引の自由化（従来届け出、許可）、為替銀行（大蔵大臣許可の撤廃）
		・海外預金保有可＝海外銀行に口座＝支払い、受け入れできる決済口座（従来許可）
		・対外国貸借可能（従来事前届け出）
		・居住者の外貨建て取引可（従来事前許可）
		・クロスボーダー証券取引（従来届け出）＝海外投資家から直接債権、株式購入可
		・相殺、マルチネッティング等決済（従来許可）→企業の効率的資金管理
	8. 7	1984年度年次経済報告、副題「新たな国際化に対応する日本経済」
1985	1.30	米国の1984年対日貿易赤字376億9600万ドル
	8. 7	経済対策閣僚会議→内需拡大に関する作業委員会設置
	9. 4	第2回内需拡大に関する作業委員会
	.22	プラザ合意（米、英、仏、西独、日のG5蔵相・中央銀行総裁会議）
	.24	円急騰、1ドル230円10銭
	10.15	経済対策閣僚会議→内需拡大に関する対策決定
	.24	6ヶ国首脳会議（緊急サミット）
1986	2.25	特定中小企業者事業転換対策等臨時措置法制定
	.28	米対外貿易赤字164.59億ドル＝史上最高
	3.17	東京外国為替市場1ドル174円60銭
	4. 7	前川リポート（国際協調のための経済構造調整研究会報告）
		（主内容）対外不均衡の原因→輸出依存型構造から内需主導型経済への転換＝貿易黒字解消の米への公約的性格
1987	10.19	ニューヨーク市場株価史上最大下落（508ドル、22.6％下げ幅）＝ブラックマンデー
	.28	米1987年度財政赤字1480億ドルと発表
1988	1.29	1987年の日本の貿易黒字964億ドル＝過去最高
	4. 1	国土庁の「1988年地価公示」で東京圏住宅地平均上昇率68.6％＝過去最高
	.11	1987年度の貿易統計で貿易黒字額が前年度より137億ドル減（8年ぶりに減少）
1989	10. 2	国土庁全国基準地価1年間で全国平均7.2％上昇と発表
	.13	東証1部平均株価終値3万5750円
1990	2.26	東京金融資本市場、平均株価終値先週末比1569円安。ブラックマンデーに次ぐ下げ幅
	3.22	円、株、債権のトリプル安、株価→3万円台割れ
	.23	「1990年地価公示」地価高騰全国波及
1991	＊	東京圏から地価公示価格の下落始まる
1993	3.12	GNPの実質成長率前年比1.5％で、1974年の▲0.8％に次ぐ2番目の低成長
	＊	地価公示価格下落続く

『戦後日本経済の軌跡　経済企画庁50年史』『現代日本経済史年表』より作成

第Ⅰ部　足利銀行の一時国有化に至る要因分析及び企業再生の手法と実績評価

第3節　わが国における不良債権発生の原因

前述したように、金融機関の不良債権の発生要因を具体的に考察すると、一つ目は世界的デフレと政治・行政の施策の失敗である。

1986年以降始まったバブル経済は日本経済を狂わせ、土地をはじめとした資産の未曾有の高騰に支えられた金融は、1990年の土地関連融資の総量規制により資産デフレ（1993〜1994年）を誘発して、金融機関の不良債権を生み出す結果になった。しかし、この時であれば、銀行の含み益で十分償却可能であったと言われている。ところが、金融当局は金融機関当事者の問題として、行政責任を回避して、大蔵省は不良債権の無税償却を認めなかった。そのため、償却を遅らせた。

二つ目は、1970年代からの資金循環パターンの劇的変化である。1975年以降日本経済の成長は減速していった。1966〜1970年まで、実質経済成長率は10〜12％だったものが、1974年▲1.4％、1975年3.2％、以降低成長へと進んでいった。その結果、次の現象が起こった。

第1は、民間投資需要超過から民間貯蓄超過、及び民間収支赤字減少から政府部門の赤字拡大（国債発行増大が民間貯蓄の資金余剰を国債等政府部門へと流れさせた）の要因となったこと。

第2は、企業融資から個人住宅ローン増と企業依存率低下をもたらす一方、銀行全般にわたって脱銀行依存を促進させた。主要企業の資金調達構造は、1976から1980年では内部資金は50.66％であったが、1991年から1995年では102.77％に、一方、銀行借入金は20.86％から3.16％へと大きく低下している。

その理由は、高度経済成長期に生じた企業内蓄積（トヨタ自動車、ソニー等）の莫大な資金と金融自由化による企業の海外資金の活用化や、海外企業投資

第3章　足利銀行経営破綻の背景概観

家の日本市場利用が可能になったこと、1993年に証券会社の部分的相互参入が出来るようになったこと、そして、1996年にすべての企業社債発行が可能になったことが、金融機関以外からの資金調達を可能にした。

第3は、1980年代後半から始まった不動産融資への転化である。企業の銀行依存率低下により、銀行の審査コストが少ないことや、地価に関しては1973年のオイルショック時の下落以外は全て値上がりが続いていたこと等から、当時言われていた不動産投資の安全神話が加わり、不動産関連融資が増大していった。大蔵省もむしろ奨励していたと言われている。

第4は1990年3月、大蔵省が銀行への不動産部門融資への総量規制を行ったことである。しかも、住宅金融専門会社（以下「住専」とする）経由は除外したことにより、住専を中心に不動産関連融資が拡大していった。中でも農協関連では農林中央金庫、信用農業協同組合連合会で拡大した。その結果、不動産部門融資が規制されたため、一気に土地価格が下落して、その担保価値も急落して不良債権は急増した。

第5は、1990年からのバブル経済の崩壊の兆しを見せ始め、1990年2月の平均株価が1987年のブラックマンデーに次ぐ下落を示して、平均株価の終値は先週比1,569円安。同3月22日、円、株、債券のトリプル安になったことである。国土庁「1988年地価公示」による東京圏住宅地平均上昇率は68.6％（過去最高）、大阪圏で53.6％も急騰したのが、1992年公示価格では東京圏▲12.5％、大阪圏▲23.5％、と以降1992年頃から連続下落が続いた。

第6は、1990年に住専の総貸出額の約40％が不良資産化、1992年に住専資産の懸念が拡大し、1995年までには貸出債権の75％が不良債権化する事態になり、1995年住専が政治問題になったこと。

第7は、1995年12月に政府は最終的に母体銀行責任を採用したことと、

同年7月、8月コスモ信用組合に、木津信用組合、㈱兵庫銀行が相次いで経営破綻したが、その処理を金融機関全体に負わせたことである。このことは、いずれも責任を政府が逃れたことが、不良債権処理問題を大きくし、かつ長引かせた。以上のことが不良債権発生の大きな要因になった。

〈参考文献〉
経済企画庁『戦後日本経済の軌跡　経済企画庁50年史』(大蔵省印刷局、1997年)
矢部洋三　他『現代日本経済史年表』(日本経済評論社、2001年)
星岳雄、ヒュー・パトリック『日本金融システムの危機と変貌』(日本経済新聞社、2001年)

(参考)

土地関連融資の抑制について

平成2年3月27日　蔵銀第555号

　最近の地価動向をみると、大阪圏で著しい地価上昇が続いているほか、名古屋圏でもかなりの地価上昇がみられ、また、地方圏においても著しい地価上昇又はかなりの地価上昇を示す都市が相当数に上るなど、地価上昇の地方への波及傾向が一段と強まっている状況にある。
　こうした中で、金融機関の土地関連融資については、かねてより通達の発出、特別ヒアリングの実施等を通じ、投機的土地取引等に係る融資を厳に排除するよう求めてきたところであり、この結果、既に各金融機関において着実に指導の趣旨が浸透してきているが、金融機関の土地関連融資の伸び自体は、土地取引等に関連した根強い資金需要を映じ、概して総貸出の伸びを上回っている。
　当局としては、金融機関の土地関連融資については、内需拡大に必要な資金の円滑な供給に引き続き配慮しつつ、金融面からも地価問題に積極的に対応するため、金融機関の融資全体に対し均衡のとれた水準にすることが望ましいと考える。
　このため、これまでの特別ヒアリング等の諸措置に加え、当面、不動産向け貸出については、公的な宅地開発機関等に対する貸出を除き、その増勢を総貸出の増勢以下に抑制することを目途として各金融機関においてその調整を図るよう、貴傘下金融機関に周知徹底方取り計らい願いたい。
　また、上記の趣旨に鑑み、当面、不動産業及び建設業、ノンバンクの三業種に対する融資の実行状況を報告するよう併せて貴傘下金融機関に周知徹底方願いたい。

(参考)

土地関連融資の取扱いについて

平成3年12月20日　蔵銀第2425号

　標記のことについては、かねてより通達の発出、特別ヒアリングの実施等を通じ、投機的

土地取引等に係る融資を厳に排除するよう求めるとともに、平成2年3月27日付蔵銀第555号「土地関連融資の抑制について」により、当面、不動産業向け貸出については、公的な宅地開発機関等に対する貸出を除き、その増勢を総貸出の増勢以下に抑制することを目途として各金融機関において調整を図るよう求めてきたところである。この結果、金融機関の土地関連融資の伸びは総じて抑制基調が定着するとともに、各金融機関における土地関連融資に係る審査・管理体制の充実・強化が図られるなど、着実に指導の趣旨が浸透しているものと認識している。

他方、最近の地価動向をみると、東京圏・大阪圏等の大都市圏における地価の下落傾向が強まっているほか、地方圏においても、鈍化又は下落している地域が拡大しつつある。特に、これまでかなりの上昇がみられていたブロック中心都市及び地方中心都市の周辺地域等で鈍化が顕著となっている。

当局としては、このような状況を踏まえ、上記蔵銀第555号の措置については、本年末を以てこれを取りやめることとする。

しかしながら、政府においては、総合土地政策推進要綱（平成3年1月25日閣議決定）に基づき、土地基本法の基本理念にのっとった総合的な土地政策の推進を図っているところである。当局としても、引き続き、金融検査の活用やヒアリングの機動的実施等を通じ、投機的な土地取引等に係る融資を厳に排除していくとともに、今後においては、金融機関の土地関連融資の伸びを常時監視し、一定の数値に基づき所要の抑制指導を機動的に行っていく考えである。具体的には、前年同月比でみた金融機関の不動産業向け貸出の伸びと総貸出の伸びを比較して、2か月以上連続して前者が後者を3％以上上回った場合、当局として注意を喚起し、さらに2か月以上連続して前者が後者を5％以上上回った場合には、金融経済情勢等を総合的に勘案しつつ、所要の抑制措置を求める考えであるので、了知願いたい。また、いわゆるノンバンクたる貸金業者一般に対しても、土地関連融資の厳正化について十分指導を行っていく考えである。

金融機関においても、改めてその業務の公平性を十分に自覚し、土地関連融資の厳正化について万全を期すべきであり、については、不動産担保評価の厳正化を含め、金融機関が土地関連融資を行うに当たって特に留意すべき事項を下記の通り定めるので、前期の趣旨と合わせ、貴傘下金融機関に対する周知徹底方よろしくお取り計らい願いたい。

記

1. 土地関連融資を行うに当たっては、いやしくも投機的な取引の助長等の社会的批判を招かないよう十分留意し、宅地供給や住宅建設の促進等の社会的要請に適切にこたえるよう配慮すること。具体的には、以下の点を遵守し、投機的な土地取引等に係る融資の排除に万全を期すること。
   （1）著しく適正を欠く価格による土地取引に係る融資を厳に排除するため、国土利用計画法に基づく監視区域内の届出対象土地取引については、当該土地取引に係る不勧告通知の確認又は勧告を受けることなく届出から6週間を経過している旨の確認をした上で融資を行うこと。
   （2）有効かつ適切な土地利用が図られないまま短期間に当該土地の転売を行う等の投機的な土地取引に係る融資を厳に排除するため、融資対象となる土地に関し、住宅やビルを建設する等の利用計画の内容について十分な確認をした上で融資を行うこと。
   （3）値上がり後の転売を期待し有効かつ適切な土地利用を図ることなく土地の保有を続ける者に対し借替えに応じる等の投機的な土地取引を助長する融資を厳に排除するため、当該土地に係る利用計画の進捗状況について十分な確認をした上で融

資を行うこと。
2. 不動産担保融資を行うに当たっては、担保となる不動産の価格を把握するに際し、時価に偏重することなく価格の妥当性を十分チェックするとともに、適正な掛目に基づいて担保権を設定する等不動産担保評価の厳正化に努めること。
3. 上記1.2.の実効を確保するため、厳正な融資態度を各営業店まで徹底するとともに、土地関連融資に係る審査・管理体制及び融資実行後のフォローアップ体制について、引き続きその充実・強化に努めること。
4. 貸金業を行う関連会社における投機的な土地取引等に係る融資を厳に排除するため、当該関連会社に対し、上記1.2.及び3.の趣旨を徹底を図ること。
5. 貸金業者向け融資についても、その資金が投機的土地取引等に利用することのないよう資金使途について十分な審査を行うとともに、融資実行後も十分にそのフォローアップを行うこと。

　なお、昭和61年4月16日付蔵銀第800号「土地関連融資の取扱いについて」、昭和61年12月19日付蔵銀第3065号「土地関連融資の取扱いについて」、昭和62年10月19日付蔵銀第2741号「土地関連融資の厳正化について」、平成元年10月27日付蔵銀第2442号「土地関連融資の取扱いについて」及び平成2年3月27日付蔵銀第555号「土地関連融資の抑制について」は、本年12月末限り、これを廃止する。

第4章　足利銀行の県内経済への役割

足利銀行の栃木県内における位置、または役割を理解するため、主な指標で検証する。

第1節　県内貸出残高及び預金残高に占める足利銀行の位置

足利銀行の金融仲介機能を通じて、県内の経済や行政等に対してどのような形で影響力を持ったかを理解するため主な指標により検証する。

1. 県内総貸出残高に占める位置

県内企業への影響力の指標である貸出状況を見るため、県内全金融機関の総貸出残高に占める割合から見てみることにする。県内全金融機関の総貸出残高51,018億円弱のうち、足利銀行の貸出残高は23,871億円弱で実に半数近くの46.8%を占める。その他の金融機関の貸出残高は52.3%である。足利銀行が突出している（表1）。

表1　県内総貸出残高に占める位置

県内全金融機関の総貸出残高（A）	5,101,788 百万円	
足利銀行の貸出残高（B）	2,387,069 百万円	B/A=46.8%
その他の金融機関の貸出残高（C）	2,714,719 百万円	C/A=53.2%

足利銀行決算関係開示資料より作成。貸出残高は2002年6月30日現在

2. 貸出シェアの推移

図1のように、足利銀行の県内貸出金シェアはバブル経済崩壊後も増え続け、2003年3月末には49%にも達した。バブル経済崩壊後の後遺症により、中小

図1 足利銀行の県内貸出金シェア

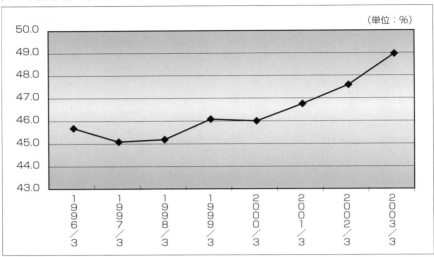

足利銀行決算関係開示資料より作成

企業の景気が停滞している中で、貸付残高総額は1993年頃から頭打ちになったが、シェアは依然として拡大していったのである。このことは、不良債権も同時に孕むことにも繋がった（図1、2、表2）。金融機関の宿命である過大貸付でも、地域経済に大きな影響のある貸付先は後に引けないという認識で融資が続けられた。貸出金が増えるか、現状維持がせいぜいで止められなくなっていた。いわば「Too big to fail」、即ち、あまりに地域経済に与える影響が大きすぎて後に引けない、破綻させられない状況に陥っていた。県内金融シェアが大きかっただけに、これらのケースが多く、不良債権の発生の大きな要因になった。

3. 業種別貸出残高とシェアの推移

貸付残高の総額は1993年3月まで上昇し、ここをピークに1996年までほぼ横ばいになり1997年から減少していった。このことは、1991年にバブル経済

図2　貸出残高推移

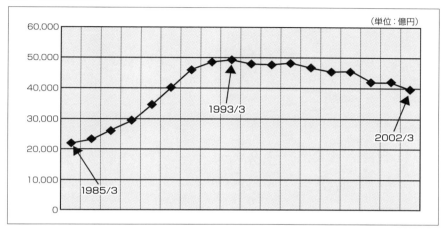

足利銀行決算関係開示資料より作成

が崩壊しており、少なくともこの時点で与信ポートフォリオ管理へ危機意識への舵を切り、不良債権対策を真剣に考えるべきだったが、1996年まで担保形態は土地担保から保証担保貸付に変わって行ったものの、量的拡大が続き、対策が後手後手に回り、経営悪化へと繋がっていった。(図2、4、表2)

業種別に見ると、全体的には、その割合が製造業は1985年の30.1%をピークに頭打ちになって、バブル経済の主役のサービス業と不動産業の割合が大きくなっていった。貸出量は製造業が1993年まで、サービス業は1994年まで、建設業が1996年まで、不動産業が1990年まで拡大し続けた。即ち、土地関連融資の総量規制を受けた不動産関連融資を除き、バブル経済型の拡大融資を引きずっていった。このことは、不良債権対応策が遅れたことの証しとも言える(表2)。

貸出シェアは製造業の1985年30.1%が1990年の17%台まで急減してその後、なだらかな減少に転じ、2001年には15.23%になった。これは、バブル経済崩壊後の

第Ⅰ部　足利銀行の一時国有化に至る要因分析及び企業再生の手法と実績評価

表2　貸出残高推移（当座貸越を除く）―総額と主要業種の割合　　　　　（単位：億円、％）

	総貸出残高	製造業	サービス業	建設業	不動産業
		15.80	18.88	8.73	8.95
1985/3	21,919	6,596	2,659	1,627	1,194
		30.1	12.0	7.4	5.5
1986/3	23,537	6,528	3,136	1,857	1,452
		27.6	13.2	7.8	6.1
1987/3	26,155	6,591	3,757	2,091	1,768
		25.1	14.3	8.0	6.7
1988/3	29,656	6,613	4,758	2,490	2,263
		22.3	16.0	8.4	7.6
1989/3	34,676	6,819	6,556	2,886	2,784
		19.7	18.9	8.3	8.0
1990/3	40,802	7,304	8,244	3,139	3,778
		17.90	20.20	7.67	9.26
1991/3	45,901	8,574	9,952	3,822	3,514
		18.68	21.68	8.32	7.66
1992/3	48,661	8,591	11,314	4,188	3,647
		17.66	23.25	8.61	7.49
1993/3	48,974	8,602	11,658	4,301	3,875
		17.57	23.80	8.78	7.91
1994/3	48,097	8,317	11,909	4,225	3,713
		17.29	24.76	8.78	7.72
1995/3	47,880	8,182	10,866	4,410	3,182
		17.09	22.69	9.21	6.65
1996/3	48,143	8,006	10,648	4,422	3,127
		16.63	22.12	9.18	6.49
1997/3	46,907	7,448	10,302	4,349	3,496
		15.88	21.96	9.27	7.45
1998/3	45,432	7,194	9,866	4,307	3,635
		15.83	21.72	9.48	8.00
1999/3	45,357	7,127	9,859	4,272	3,571
		15.71	21.74	9.42	7.87
2000/3	42,106	6,593	8,939	3,870	3,088
		15.66	21.23	9.19	7.33
2001/3	42,599	64,900	8,590	3,691	3,279
		15.23	20.17	8.67	7.69
2002/3	39,826	6,294	7,518	3,476	3,567

足利銀行決算関係開示資料より作成。上段は金額、下段は割合を表す。白文字はピーク時

第4章　足利銀行の県内経済への役割

景気低迷による資金需要の減少による。

　建設業は1985年7.4%が1994年頃まで7〜8%台で続いたが、1995年頃から9%台に増加していった。一方、不動産業の1985年には5.5%だったシェアは、バブル絶頂期の1990年に9.26%に達し、バブル崩壊によりその後、減少していった。そしてシェアの推移が、最も顕著なのは、バブル経済の象徴的事業である観光、リゾートホテル、ゴルフ場、遊園施設等の行楽、娯楽事業等のサービス業で、1985年12.0%だったシェアが1994年頃まで増加し、24.76%に達した。ここでも、与信ポートフォリオ管理の対応の遅れを一身に浴びつつ、バブル崩壊の影響を真正面に受けてシェアが減少していった。そしてこれが、観光地のホテル、ゴルフ場等への過大投資となって足利銀行の不良債権の形成に大きく影響していった（表2、図3）。

図3　貸出シェア

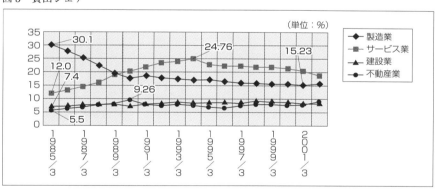

足利銀行決算関係開示資料より作成

4. 貸出金担保残高の推移

　図4の貸出金担保残高の推移を見ると、不動産担保貸出金が1993年3月期まで急速に伸びている。バブル期の土地の急騰に合わせた土地担保貸出が急速に拡大していったことを示している。1990年3月の銀行局長通達により、不動産部門融資への総量規制が行われて、不動産担保貸出金は1993年3月期の20,561億円

第Ⅰ部　足利銀行の一時国有化に至る要因分析及び企業再生の手法と実績評価

をピークに急減した。不動産担保に代わって、信用保証協会等による保証担保貸出が増えていった。このことは、融資先の企業側から見れば、有利子負債が増加し続くことになり、経営面では債務が膨らむか、せいぜい現状維持の状態で、経営圧迫に伴う経営悪化へと繋がっていった。反面では、不良債権が増幅していき、この状況は、1999年まで続いた。貸出の抑制意識と決断が全体的に遅れていたことがうかがえる。そして保証担保貸出は1999年3月の22,440億円をピークに減少し、やっと遅ればせながら、総貸出残高も1997年から減少していった（図4、表2）。

　2000年頃はバブル経済崩壊後の景況の悪化の長い状態が続き、企業経営は今までの蓄積の限界を通り越して、経営の限界が出始め、貸出が全体的に減少へと向かった（表2）。栃木県内では、具体的に2000年から2001年にかけて、今まで予想しなかった宇都宮信用金庫、大日光信用組合等、県内1信

図4　貸出金担保残高の推移

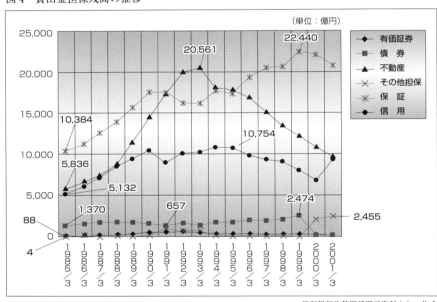

足利銀行決算関係開示資料よりの作成

図5 系列子会社金融機関借入金推移

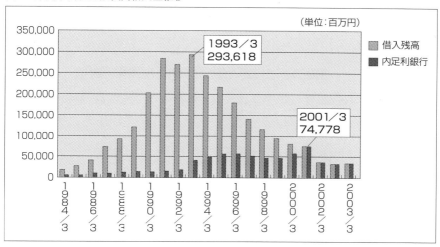

足利銀行系列子会社決算関係開示資料より作成

用金庫、5信用組合の破綻があり、地域経済へ影響を与えた。

　一方、足利銀行の系列子会社（ノンバンク）の借入状況を見ると1993年3月期の2,936億1,800万円をピークに急激に減少しているが、これは土地関連融資の総量規制の影響で都市銀行等各金融機関の融資引き上げが始まったためである。都市銀行は貸出金引き上げにより減少して、足利銀行一行取引になっていった。その中で、足利銀行借入は1993年頃から増え続け、2001年3月期の747億7,800万円まで増加していった。ここでも、足利銀行のバブル以降貸出の抑制が行われず、不良債権の膨張に繋がっていった（図5）。その後、系列子会社の借入残高の747億7,800万円の約半額余の300億円余を母体行の足利銀行が肩代わりしたため急減したが、「業務及び財産の状況に関する報告」（2004年10月8日）によると、関連ノンバンク等の処理コストは1994年度から2003年度までの10年間で約2,851億円にのぼった。これが、母体銀行の資本減になる大きな原因を作った。

5. 県内中小企業向け総貸出残高に占める位置

県内中小企業向け貸出状況を見ると、県内中小企業向け総貸出残高に対する足利銀行のウェイトは50.9％と過半数を占め、その他県内金融機関の49.1％を超え格段高いシェアである。足利銀行との取引そのものがステータス、あるいは信用の証になっていたからである。その分県内経済への影響が大きい（表3）。

表3　県内中小企業向け貸出残高に占める位置

県内中小企業向け総貸出残高（A）	3,622,460百万円	
足利銀行の中小企業向け貸出残高（B）	1,843,505百万円	B/A=50.9％
その他県内金融機関の貸出残高（C）	1,778,955百万円	C/A=49.1％

日本銀行「金融経済統計月報」（2002年6月30日現在）より作成

6. 県内の総預金残高に占める位置

預金の状況については栃木県内総預金残高に占める足利銀行の預金残高の占める割合は47.5％とほぼ半分のシェアを占めており、その他県内金融機関の52.5％を若干下回る程度で地域金融機関としての信用の偉大さを示している（表4）。

表4　貸出金残高の県内の総預金高に占める位置

県内総預金残高（A）	7,716,074百万円	
足利銀行の預金残高（B）	3,661,264百万円	B/A=47.5％
その他の県内金融機関（C）	4,054,810百万円	C/A=52.5％

日本銀行「金融経済統計月報」（2002年6月30日現在）より作成

第4章　足利銀行の県内経済への役割

第2節　公共関連における足利銀行の位置

1．県内の総生産額に占める位置

　貸出残高の1999年度県内総生産額に占める足利銀行の2002年6月30日現在の貸出残高の割合は30.7％で、同年度県内総生産額に対する県の2002年度当初予算が10.5％であることからも、足利銀行の県経済への影響の大きさが分かる（表5）。

表5　県内の総生産額に占める足利銀行の位置

$$\frac{足利銀行の貸出残高\quad 2,387,069百万円}{県内総生産額\quad 7,768,000百万円} = 30.7\%$$

$$\frac{県の2002年度当初予算\quad 8,300億円}{県内総生産額\quad 7,768,000百万円} = 10.5\%$$

栃木県「栃木県の財政」より作成。貸出残高は2002年6月30日現在、県内総生産額は1999年度のもの

2．県内地方公共団体貸出残高に占める位置

　公共への寄与として県内地方公共団体向け貸出残高に占める足利銀行のそれは、実に89.5％と大宗を占めている。地方公共団体の財政への寄与の大きさを示している（表6）。

表6　地方公共団体向け貸出の足利銀行の位置

県内地方公共団体向け総貸出残高（A）	2,589億円	
うち足利銀行（B）	2,316億円	B/A＝89.5％

「金融経済統計月報」（2002年3月30日現在）より作成

3．県の起債に占める位置

　県の借入金である起債への寄与度を見ると起債総額（普通会計分）に

占める足利銀行の起債残高は44.7％を占めている。県内の市中金融機関では群を抜いている。

足利銀行以外の市中金融機関の占める割合は0.6％に過ぎない。

県内の市中銀行の起債残高に占める足利銀行の起債残高は98.8％で、県内地方自治体も含めた総起債残高においても県内地方自治体の起債のほとんど100％に近くが足利銀行に依存していたと言える。このことは一方では、行政と企業経営の役割を明確に打ち出せない構造が出来上がっていった要因でもある（表7）。

表7　県の起債に占める足利銀行の位置

$$\frac{\text{足利銀行の起債残高　443,197百万円}}{\text{県の起債総額（2001年度普通会計分）990,776百万円}} = 44.7\%$$

$$\frac{\text{足利銀行を除く市中銀行の起債残高5,556百万円}}{\text{県の起債総額（2001年度普通会計分）990,776百万円}} = 0.6\%$$

$$\frac{\text{足利銀行の起債残高　443,197百万円}}{\text{県内市中銀行の起債残高　448,753百万円}} = 98.8\%$$

「栃木県の財政」より作成

4．県制度資金融資に占める位置

2002年度の県の制度資金融資の中で足利銀行の占める役割について

表8　県制度資金融資における足利銀行の位置

都市銀行	414	（0.7％）
地方銀行	29,758	（53.0％、うち足利銀行44.6％）
第2地方銀行	9,462	（16.9％）
信用金庫	12,223	（21.8％）
信用組合	2,498	（4.5％）
その他金融機関	1,714	（3.1％）
合計	56,069百万円	（100％）

「2002年度栃木県商工労働観光部資料」より作成

は、地方銀行の全体の53.0％うち44.6％を占めており、公的役割に大きく寄与していることを示している（表8）。

5．県信用保証協会保証債務残高に占める位置

中小企業借入金の債務保証をしている、県信用保証協会の総保証債務残高に占める足利銀行の保証債務残高の割合は44.0％と、中小企業に対する債務保証による融資の円滑化に大きな役割を果していることが分かる（表9）。

表9　県信用保証協会保証債務残高に占める足利銀行の位置

足利銀行の保証債務残高207,227百万円	=	44.0％
総保証債務残高470,784百万円		

栃木県信用保証協会「保証だより2003年4月号」より作成

6．公金取り扱い自治体に占める位置

当時、県内自治体の全自治体（栃木県を含む50の全地方自治体。ただし、真岡市と二宮町〈現真岡市〉は足利銀行と常陽銀行で2年おきに交代、県外は桐生市、古河市）が公金の指定金融機関として足利銀行を指定していた。指定されているからこそ、経営における経済合理性で割り切れない行政との相互依存が優先する構造が強まって、資本主義的経営の基本である経営合理性に基づく経営改革を遅らせる要因を形作っていった。

7．県内経済への主導的役割

県内の主な第3セクターに対する出資や職員派遣等、公的活動への積極的支援あるいは(社)栃木県経済同友会や(財)とちぎ総合研究機構の設立等への先導的参画等、本県経済の活性化のため主導的役割を果していた。

第 I 部　足利銀行の一時国有化に至る要因分析及び企業再生の手法と実績評価

第 5 章　足利銀行経営破綻までの経営状況概観

　足利銀行は 2003 年 11 月 29 日付で、預金保険法 102 条 1 項 3 号適用の一時国有化の銀行になった。それまでに、1998 年 3 月に劣後債 300 億円、1999 年には 9 月と 11 月に 1,050 億円に分けて計 1,350 億円の公的資金の注入が行われている。

　これら、足利銀行の公的資金注入及び、預金保険法に基づく一時国有化の経営状況を概観してみる。

第 1 節　実質業務純益の推移

　経営状況の中で実質稼ぎ高を表す実質業務純益（業務純益＋一般貸倒引当金繰入額）を見てみると、次のとおりである（表1）。一時国有化の 2003 年 11 月以前の過去 3 ヶ年の実質の業務純益は 2001 年が 447 億円、2002 年が 356 億円、2003 年 485 億円と順調に本業による利益を出しつつあった。このように、指導監督官庁及び監査法人等の厳格な指導の下に、本業による利益稼動指標である実質業務純益は、人件費コスト、店舗の統廃合等リストラ効果で経営健全化計画どおり推移していた。因みに、2003 年 9 月期は 272 億円で前年同期 252 億円に比べ 20 億円の増加である。

　1987 年 3 月期から 2005 年 3 月期までの実質業務純益と業務純益（一

表 1　実質業務純益の推移

2001年3月期	2002年3月期	2003年3月期
447億円	356億円	485億円

足利銀行決算関係開示資料より作成

第 5 章　足利銀行経営破綻までの経営状況概観

般貸倒繰入前）を見ると図１のとおりである。1995 年 3 月期及び、1996 年 3 月期の 500 億円前後の実質業務純益及び、業務純益が 1997 年 3 月期には 380 億円台に落ち込み、国から劣後債 300 億円を注入した。その結果、1998 年には 500 億円強の純益に回復した。しかしその後、経営に苦慮して、1999 年 3 月期には実質業務純益及び業務純益とも 200 億円台に落ち込み、2002 年 3 月期には業務純益が 130 億円台まで落ち、2003 年 9 月期には 18,620 億円余損失を計上。同年 11 月 29 日付けで預金保険法 102 条 1 項 3 号による破綻金融機関として一時国有銀行として措置された。したがって、後に優先株のうち 10％は還元されたが、普通株は無価値で国に強制取得された。2004 年 3 月期では、株価下落や貸倒引当金計上等が重なって業務純益は 1,297 億余円の大幅なマイナスに落ち込んだ。

図 1　実質業務純益業務純益の推移（銀行単体）　　　　　　　　　（単位：百万円）

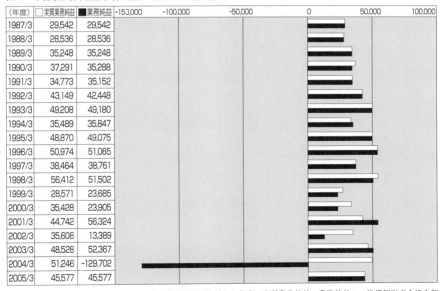

(年度)	実質業務純益	業務純益
1987/3	29,542	29,542
1988/3	28,536	28,536
1989/3	35,248	35,248
1990/3	37,291	35,288
1991/3	34,773	35,152
1992/3	43,149	42,448
1993/3	49,208	49,180
1994/3	35,489	35,847
1995/3	48,870	49,075
1996/3	50,974	51,065
1997/3	38,464	38,761
1998/3	56,412	51,502
1999/3	28,571	23,685
2000/3	35,428	23,905
2001/3	44,742	56,324
2002/3	35,608	13,389
2003/3	48,528	52,367
2004/3	51,246	-129,702
2005/3	45,577	45,577

足利銀行決算関係開示資料より作成。実質業務純益＝業務純益＋一般貸倒引当金繰入額
公的資金注入は 1998 年に劣後債 300 億円、1999 年 9・11 月に 1,050 億円行われた

第2節　2003年3月期足利銀行単体の当期利益

　前述した2003年度の当期利益の内容を分析すると、景況による株価下落779億円や経理上、将来収益見込みの厳格化、戻し税金の見方の厳格化による繰延税金資産132億円、合計911億円等、業務外の要因が損失の大きな要因として足を引っ張り、当期損失710億円を計上した（表2）。

　株価の損失だけ見ても、外部要因である景気後退による株価下落に対処しての減損処理（評価損）で、2002年度末の日経平均11,024円に対して2003年度末7,972円と30％弱の下落となり、この要因が大きかった。その結果、①株価下落減損処理＝747億円、②売却損処理＝32億円、計779億円の損失処理になった。

　また、繰延税金資産計上の厳格化により132億円を計上、資産管理と将来収益見積もりの厳格化を行った。この総計が911億円で、これは時価会計による将来リスク回避処理でもあった。この業務外要因を除けば、201億円のプラスだった。計画が137億円の黒字なので、64億円も計画を超えて達成したことになる。いずれもキャッシュフローには関係ない要因なので、この損失は資金繰りには直接影響しない。

表2　当期損失の分析

当期利益	▲710億円	計画＝137億円の黒字
赤字の主要因	業務外要因を除けば ＋201億円	業務外要因処理 ①株価下落 　＝779億円 ②繰延税金資産 　＝132億円 　　　　計911億円

足利銀行決算関係開示資料より作成

即ち、業務ではかばいようがない景気後退による株価下落と経理処理方法の問題で赤字要因になったと言っていい。しかしその要因は、他の金融機関も同条件なので、体力そのものに余裕がなく問題があったのは否めない。

第3節　2003年9月決算期

2003年の9月決算期の財務状況を見ると、業務収益が607億3,200万円に対して、業務費用が429億3,400万円で稼ぎ高である業務純益は177億9,800万円となっている。業務以外の要因による損失が653億4,000万円で、それが主要因となって経常損失475億4,200万円になった。その結果、税引き前当期利益は474億2,200万円の損失になった。更に、これに法人税等の税金と今回全額否認された法人等調整額（繰延税金資産の相手勘定）1,387億6,600万円がプラスされ、1,862億3,200万円の損失になった（表3）。

この時、監査法人も認めている足利銀行の従来の方法による9月末の想定

表3　法人税等調整額全額否認後の純損失　　　　　　　　　　　（単位：百万円）

項目	計算式	金額	記号
業務収益		60,732	(A)
業務費用		42,934	(B)
業務純益	(A)−(B)=	17,798	(C)
その他損益		▲65,340	(D)
経常利益	(D)+(C)=	▲47,542	(E)
特別損益		120	(F)
税引き前当期利益	(E)+(F)=	▲47,422	(G)
法人税、住民税、事業		44	(H)
法人税等調整額		138,766	(I) ※全額否認
中間純利益	(G)−{(H)+(I)}=▲186,232		

足利銀行決算関係開示資料より作成

表4　実質業務純益及び繰延税金資産の分析

	2002年3月末	2003年3月末	2003年9月末
実質業務純益	356億円	485億円	272億円 (前年同期252億円)
繰延税金資産	1,660億円	1,388億円	1,200億円 〔監査否認前まで認められていた数字 (1,208億円を便宜的に端数調整)〕

足利銀行決算関係開示資料より作成

法人調整額はむしろ厳しめに見積もった。その結果、足利銀行想定の9月末の繰延税金資産は、前期末繰延税金資産1,387億6,600万円から想定法人調整額を差し引いた額1,200億円（正確には1,208億円を、ここでは以下便宜的に端数調整）となった。

9月末の想定法人調整額が認められれば中間純損失（税引き前当期損失＋法人税等＋想定法人調整額）は約600億円台で済んだはずだった。従来の方法を急変して法人税等調整額を全額否認された結果、表3のとおりとなった。

実質業務純益は表4のとおり順調に推移していた。2003年9月期では実質業務純益272億円で、前年同期252億円を20億円上回っていた。繰延税金資産も2002年3月期の1,660億円から2003年9月期の繰延税金資産は1,200億円に減っていた。9月の金融庁検査によると2003年3月期の繰延税金資産1,388億円のうち否認額は28億円だった。即ち、足利銀行は金融庁検査より厳しく償却していた。しかも、同年11月27日午前10時の青山中央監査法人の繰延税金資産の全額否認通知までは1,200億円で足利銀行、監査法人の双方が合意されていた。これが今までの方針を急変して、全額否認という会計の継続性の原則に明らかに反する方針を打ち出したため、債務務超過に陥った。

そして、預金保険法102条1項3号適用による経営破綻金融機関に認定され一時時国有化とされた。

第5章　足利銀行経営破綻までの経営状況概観

第4節　繰延税金資産の否認前と否認後の比較

　繰延税金資産の否認前と否認後を比較してみると表5のとおりである。因みに、自己資本率は2002年3月期＝6.88％、2002年9月期＝6.59％、2003年3月期＝4.54％と年々厳しくなっていたことは事実だが、従来の繰延税金資産の経理処理方法で行った否認前では資産超過が177億円で自己資本率0.9％だった。それが、全額否認によって、▲1,023億円の債務超過、自己資本率▲3.72％になってしまった。この時、日経平均株価が7,000円台で最悪であった。その後、翌年8月には1万円台になる等景気が上向き、株価等含み益が出てきていたことを考えると、りそな銀行方式どおり、預金保険法102条1項1号適用で十分再生できたのでないか。同条1項3号は銀行の再生には急激な回復手法としては評価するが、不良債権処理に伴う地域企業への副作用が大きい。地域政治経済、社会の混乱、財政投資から見ての比較考量が課題として残る。

表5　繰越税金資産否認前後の比較

否認前		否認後	
総資産額	50,845億円（A）	総資産額	50,845億円（C）
		繰延税金資産否認	▲1,200億円（D）
		否認後総資産	（C－D）＝49,645億円（E）
総負債額	50,668億円（B）	総負債額	50,668億円（F）
資産超過	（A）－（B）＝177億円	債務超過	（E）－（F）＝▲1,023億円
自己資本率	0.9％	自己資本率	▲3.72％
（参考：自己資本率）			
2002年3月期＝6.88％　　2002年9月期＝6.59％　　2003年3月期＝4.54％			

足利銀行決算関係開示資料より作成

第6章　足利銀行経営破綻の要因

第1節　間接的要因

　第1には、米国の金融自由化を中心にした世界覇権戦略と国の金融・経済政策の失敗である。詳細は前述したが、改めて要約して整理すると次のようになる。

　わが国の金融経済政策の失敗は、米国の経済財政事情への協力結果として、わが国経済に対し厳しい結末となった。特に、1984年に開催された日米円ドル委員会及び、1985年9月のG5によるプラザ合意事項である、①グローバリゼーションに対応した日本の国際化要請、②世界の為替自由化、③日本の金融自由化と内需拡大を進めること、がわが国の経済に大きな影響を与えた。その影響を受け、円が急騰し、同年9月には1ドル230円だったものが翌年2月には、180円割れにまで上昇した。

　1986年4月には、国際協調のための経済構造調整研究会報告（前川レポート）が出されて、これが事実上の国際約束になっていった。

　第2にはこれらを受けて内需拡大策を強力に進めたことである。1986年5月には、内需拡大を誘導するための施策として、民間事業者の能力の活用による特定施設の整備の促進に関する臨時措置法（民活法）が制定され、全国の開発を促進させた。その内容は開発許可の弾力的実施が主な内容であった。この結果、民間デベロッパーが乱立し、この法律制度を梃子に全国に開発の波が広がっていった。更に、1987年には総合保養地域整備法（リゾート法）が施行され、全国で地域振興策に悩んでいた地方が渡りに船と手を挙げ、特に過疎化に悩む市町村で開発の決め手

とされ、燎原の火のごとく各地に開発の波が広がっていった。この結果、地価高騰が全国に波及した。バブル経済の幕明けである。本県では1988年に日光・那須リゾートライン構想が策定された。

　この経済政策の失敗によるバブル経済の崩壊の影響で、1997年11月、山一證券が倒産で廃業した。同年11月には北海道拓殖銀行と㈱德陽シティ銀行が経営破綻し、その影響を受けて足利銀行株価が急落した。この影響により、かねてよりあった足利銀行の経営不安の噂が増幅して、足利銀行株価は同年11月27日ストップ安の75円になった。そして、同年11月26日、県経済界の指導者であり、県内財界の実力者であった足利銀行会長向江久夫氏が辞任した。県の所得長者番付トップを続けてきた、県内の巨大金融機関、足利銀行の会長辞任だけに県民のショックと不安が一気に県内に広がった。

第2節　直接的要因

1．パックス・アシカガーナ的経営のジレンマ

　第1の要因は、県内企業、県民、自治体行政に金融を通じて大きな影響力を持つようになったことである。いわば、パックス・アシカガーナ（足利銀行による金融の総傘下主義）的存在になっていた。そのため、過信による危機感が薄れて地方銀行の経済の国際化等に伴う厳しい経営競争への自己改革（意識、経営システム）の目覚めと具体的対応の遅れがあった。

　第2の要因は、融資先企業と足利銀行の長期間にわたる安易な依存関係と不動産部門の融資規制である。

業務区域は県下全域を、融資先企業規模は零細企業から東証一部上場企業まで大きなシェアを持っていた。また、企業は取引活動上、ブランド化した足利銀行と取引していることが信用に繋がっていたため、企業は足利銀行を頼り、足利銀行はそれを断ち切れないという構図が出来上がっていった。それが、バブル経済の崩壊による資産価格の下落と平成の長期不況による企業経営の悪化とが重なり、大量の不良債権として足利銀行の経営を圧迫する結果になった。その要因は何といっても、1990年3月と12月の大蔵省通達による不動産部門融資への総量規制が、足利銀行の貸出金をはじめとした資産価値の急激な減少を引き起こし、不良債権発生の大きな引き金になっていった。特に、リゾート事業等の開発に係る行政への協力、そして、それに係る企業との融資関係が広がり、不良債権の増加に繋がっていった。

図1　大都市圏と地方圏の地価下落率比較

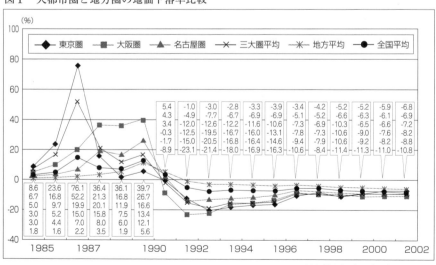

国土交通省地価調査課資料より引用

土地の下落の状況は図1のように、まず、東京圏から始まり、大阪圏、名古屋圏そして地方へと広がっていった。大都市圏は下落幅が大きいが、地方に比べて比較的底をつくのは早かった。地方は下落が小さいが長く続き、したがって、地銀の足利銀行の貸出の引き締めが遅れた。この結果、土地関連融資総量規制で土地を中心とした不動産担保価値は減少し、その分資産価値が下がれば下がるほど、不良債権は増えていった。

2．企業経営意識の希薄化と自治体行政の頼り過ぎ

　足利銀行の経営自体と自治体行政にも問題があった。それは、次に要約される。

　第1には企業経営の基本的考え方の希薄化である。足利銀行は、県内であまりにも突出した企業になったため、行政、経済団体、その他、公益的公共的事業に、たとえ不採算でも率先して協力しなければならなかった。行政も頼りすぎた。それは、制度資金のシェア、第三セクターの足利銀行シェア等への協力状況からも分かる。公共性重視を経営の中に取り入れ過ぎ、そのため、徹底した経済合理性を追求していくという企業経営の基本意識が希薄化していた。

　第2には、自治体行政の足利銀行への率先協力依存体質と公金取り扱い等安易な相互依存体質である。県内金融シェアが大きいことと県内自治体全てにおいて足利銀行が公金取り扱い金融機関になっていたため、見えざる公的協力義務が強く働き、第三セクターへの出資、経済団体への職員派遣、国、県の政策であるリゾート開発企業への融資等、経済合理性を超えた相互協力体質になっていった。

　第3には、県内有力企業ほど、経営が改善されなくとも地域経済に影響が大きいので融資を打ち切れない、いわば、「Too big to fail」になっていたこと

である。融資が過大になればなるほど「退くに退けない」、いうなれば「過剰融資の罠」にはまっていた融資先も少なくなかった。また、県内企業育成を目的にした若干無理な融資等々、経済合理性よりは、むしろ公共的協力や融資展開を優先して進めていたことが、不良債権への直接的増幅体質へ繋がっていった。

3．不動産担保中心の融資拡大策と担保価値の下落

　全国の金融機関の担保別貸出残高の推移を見ると、図2のとおり1996年度頃まで増加が続き、その後減少に転じる。そのうち、不動産・財団抵当貸付は1992年頃から減少に転じている。これからも、不動産関連融資の総量規制の影響で担保価値が低下していることが融資と不良債権へ影響してきているといえる。

　足利銀行の不動産の貸出金担保残高もP34の図4のとおり、1993年をピー

図2　全国の担保別貸出金の推移

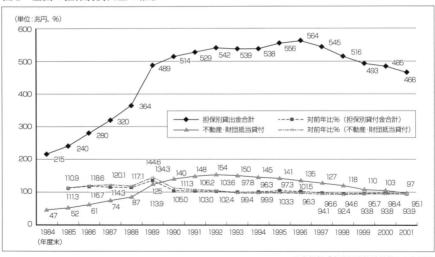

日本銀行「金融経済統計月報」より引用

クに急激に低下している。このことからも分かるとおり、1988〜1996年頃まで続いた不動産担保中心の融資拡大策と担保価値の下落は不良債権増に大きく影響を与えている。

4．戦後初の当期損失等財政悪化の顕在化

　足利銀行の決算は長年当期利益を計上してきており、当期損失等考えられなかった。1996年3月期に戦後初めて当期利益919億1,700万円の赤字を計上した。1997年11月には、足利銀行株価が急落し、1997年度、1998年度には戦後初めてとなる2年連続当期損失を計上した。これは、バブル経済の崩壊による経済の長期停滞に耐え切れず、融資先の経営が悪化して不良債権が多発した結果である。

　1998年3月には289億1,200万円の当期損失を計上した。このような状況を重くみて、国は経営の安定を図るため、300億円の公的資金を注入した。これによって、金融庁検査、日銀監査がより厳しくなり、検査マニュアルは都市銀行並みの基準で融資先を査定していった。その結果、貸倒引当金が急激に増加して当期損失を大幅に計上せざるをえなくなった。1999年3月期では、不良債権2,155億円の処理を行った。そのため、初めて1,000億円を超える1,182億円余の赤字決算に陥り、自己資本率が4％台までに低下した。その後も、不良債権処理は続き、1999年9月には国の金融再生委員会が1,050億円の公的資金の注入を決定した。

　県内企業にも不良債権処理の影響が出始めた。2000年12月には足利銀行のメイン取引先であり、県内きっての老舗百貨店である上野百貨店が倒産した。2002年1月には県を含む299億円の増資を決定し、2001年度決算では1,281億円の当期損失を計上して優先株も無配にした。2002年度決算

でも赤字決算になり自己資本率は4％台になって、2003年8月には金融庁が抜本的収益改善を求めた業務改善命令を出し、同年9月には、2004年度中に600億円の増資方針を公表した。2003年度末には国有化により、より厳しい資産査定を行い、貸倒引当金等の計上により大幅な当期損失を計上した（図3）。

図3　当期利益の推移

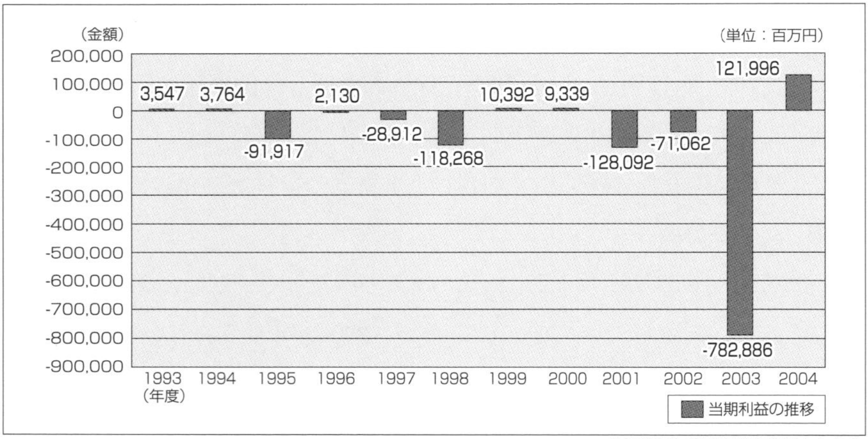

年度	当期利益（百万円）
1993	3,547
1994	3,764
1995	-91,917
1996	2,130
1997	-28,912
1998	-118,268
1999	10,392
2000	9,339
2001	-128,092
2002	-71,062
2003	-782,886
2004	121,996

足利銀行決算関係開示資料より作成

5．長期デフレから生ずる過重な不良債権処理

　バブル経済崩壊後の長期デフレが、不良債権発生を増加させた。特に、土地を中心とした資産下落が不良債権を発生させた。1980年代後半の不動産関連融資の増加は、都市部において地価が加速度的に上昇していく状況の中で生じていった。それに対して、1990年代には、地価は継続的に低下、特に1990年代前半には大幅に下落した。これは、地価の下落は不良債権問題の主な原因であるという見方を裏付ける。バブル経済の崩壊という、国の経済政策の失敗による長期デフレの結果発生した貸出

金の担保価値の下落、及び景気の長期停滞からきた融資先企業の経営悪化、それに伴う過重な不良債権処理が大きな要因になったと言える。地価の下落、経済不況、株価の下落が不良債権の増加に影響を与えた。足利銀行は金融の県内シェアが突出して大きいだけに、他の金融機関より深刻にその影響を受けた。

６．不十分な所管行政官庁等の指導監督

　足利銀行の不良債権及び経営の実態については、経営状態が深刻になるまでにそれを回避するべく、所管行政庁の検査及び日本銀行監査等を通じた指導監督上の責任もあった。もっと早く手を打っておけば経営破綻という事態は回避できたかもしれない。対応の遅延、適時適切な対策を怠った結果、経営の悪化、深刻化を招いた所管行政庁の指導監督責任はまぬがれない。

７．監査法人の一貫性のない会計基準の適用

　監査法人は、公認会計士法に基づく公認会計士で構成されている。公認会計士はあくまで、金融庁の検査に従うのでなく、株主、国民や顧客的視点にたって正確、公正、適法な財務諸表等の書類を監査する責務がある。

　足利銀行は、それまで中央青山監査法人の監査を受けていた。2003年9月時点での監査法人の監査によると、若干だが資産超過だったが、その後、従来の会計処理の原則である継続性の原則をあっさり放棄し、繰延税金資産を全額否認して債務超過となった。それまで容認されてきた2003年3月期までの手法なら、若干ながら資産超過だった。特に、決定

的原因になった繰延税金資産の評価は半年前の3月決算では5年間の計上が容認されていた。当時、現に都銀は5年間、りそな銀行は3年間の計上を認めていた。それなのにどうして足利銀行は半年後の9月中間決算で全額否認なのか（第5章第4節参照）。また、どうして、経営継続に緊急重大な状態として年度途中、しかも、残り年度末決算時期まで3から4ヶ月の時点で、金融庁は急いで判断しなければならなかったのか、決算を待って判断しても良かったのでないか。監査法人は何故、今まで行ってきた監査方針及び手法を翻したのか、継続性を原則とする企業会計上の基準を簡単に変えることの問題が残る。

第3節　足利銀行の経営破綻と一時国有化

　2003年11月29日に、ついに政府は金融危機対応会議を開き、わが国初の預金保険法102条1項3号適用による破綻処理銀行として足利銀行は一時国有化銀行になった。そして、国有化銀行の経営陣により、更に厳しい、より保守的な資産査定による不良債権処理を行い、2003年度は7,829億円の当期損失を計上した。

　2003年11月29日の政府の決定通知直前まで、先例のりそな銀行と同様の預金保険法102条1項1号の適用と銀行側も県民も信じていただけに、何故、国はりそな銀行に取った措置と異なった措置を取ったのか課題として残る。

第 6 章　足利銀行経営破綻の要因

(参考)　1990 年以降の足利銀行をめぐる動き

1990	5月	過去最高の経常利益 344 億円の 1989 年度決算発表
1991	1月	アシカが登場するテレビCMを関東全域で放映開始
1992	6月	14 年在任の向江久夫頭取が代表権のある会長に就任
1994	4月	北朝鮮向けドル建て送金の他銀行仲介を中止
1996	5月	創業以来初の赤字となる 1995 年度決算を発表
1997	11月	経営不安説が流れ、一時預金引き出しを求める客が殺到。向江会長辞任や海外撤退を決定
	12月	栃木県商工会議所連合会が全面支援決定
1998	3月	預金保険機構が 300 億円の公的資金投入決定
1999	5月	2 年連続の赤字決算発表。自己資本比率は 4％台に
	8月	428 億円の増資完了。県も 2004 年償還の優先株引き受け
	9月	金融再生委員会が 1,050 億円の公的資金投入決定
2000	12月	メイン取引先である宇都宮市の上野百貨店が倒産
2001	6月	企業再生を支援する「再生チーム」発足
	8月	経済人や学識経験者らによる経営諮問委員会を設置
2002	1月	299 億円の増資。引き受け先は県等 1 万 2,055 件
	4月	北朝鮮向け送金窓口を閉鎖、送金契約解除
	5月	2001 年度決算で 1,280 億円の赤字。優先株も無配に
	10月	ベンチャー支援室設置。支援融資等
2003	3月	持ち株会社あしぎんフィナンシャルグループ設立
	5月	2 年連続の赤字決算。自己資本比率再び 4％台に
	8月	金融庁が、抜本的な収益改善を求めた業務改善命令
	9月	2004 年度中に 600 億円の増資方針を公表
	11月	予定していた中間決算発表を延期。金融庁検査で、9 月決算の最終的債務超過は 1,023 億円になった。
	11月29日	政府の金融危機対応会議(議長：小泉純一郎首相)で全国初の預金保険法 102 条 1 項 3 号(破綻処理)措置の適用決定(足利銀行は一時国有化)

「朝日新聞」2003 年 11 月 30 日より引用

〈参考文献〉
星岳雄、ヒュー・パトリック『日本金融システムの危機と変貌』(日本経済新聞社、2001 年)
経済企画庁『戦後日本経済の軌跡　経済企画庁 50 年史』(大蔵省印刷局、1997 年)
矢部洋三他『現代日本経済史年表』(日本経済評論社、2001 年)

第7章 預金保険法適用と問題点の比較並びにその地域への影響

第1節 りそな銀行と足利銀行との比較とその評価

　預金保険法102条1項1号適用のりそな銀行と3号適用の足利銀行とで公平性、妥当性について異論を持つ考えの識者等も多い。法理論は別として適用後の実態を比較する。

　まず、1号と3号の違いの要点は、表1の通りである。

　これらを前提にして、預金保険法102条1項1号適用のりそな銀行（2003年5月17日、2兆円規模の公的資金注入決定）の公的資金返済状況と、同条3号適用の足利銀行の業務実績を比較してみる。

表1　預金保険法102条1号と3号適用の違い

	対象金融機関	対応策	預金	株式
1号措置	過小資本等で経営（りそな銀行）	公的資本注入で資本増強、金融機関は経営健全化計画提出	影響なし	影響なし
3号措置	破綻かつ債務超過（足利銀行）	預金保険機構が全株式を強制取得、一時国有化、特別危機管理銀行	全額保護	無価値

1. 預金保険法102条1項1号適用のりそな銀行の経営再生履行状況

　りそな銀行の2006年以降の経営再生への取り組み状況についてみると、2006年に①返済原資を可能な限り早期に確保すること、②適切な自己資本比率を維持すること、③普通株式の希薄化を可能な限り回避することを柱にした公的資金返済に向けた基本方針を公表した。

第 7 章　預金保険法適用と問題点の比較並びにその地域への影響

　その後、預金保険法 102 条 1 項 1 号に認定された当時の公的資金合計額が 2003 年 9 月末までに 31,280 億円あったものが、2007 年 3 月までに 23,725 億円に減少し、当初の 75％まで減少させた。その状況は以下のとおりである。

(1) 2006 年以降の公的資金返済の取り組み状況
　公的資金の返済取り組み状況は次のとおりである。優先株式発行等により、資金調達と早期健全化法に基づく公的資金の返済は、ほぼ順調にいっている。

(参考)

2006年	5月23日	「公的資金返済に向けた基本方針について」を公表した。それは、①返済原資を可能な限り早期に確保すること。②適切な自己資本比率を維持すること。③普通株式の希薄化を可能な限り回避すること。
	6月28日	株主総会において新規優先株式（第4から第9種）授権枠の承認
	8月31日	第4種優先株式（払込金額の総額 630 億円）の発行
	11月2日	早期健全化法に基づく公的資金永久劣後ローンの一部返済（金額 200 億円）
2007年	1月26日	早期健全化法に基づく公的資金優先株式（発行価格の総額 5,328 億円）の買い付け及び償却
	3月30日	預金保険法に基づく公的資金普通株式の市場売却による出し出
	6月5日	第9種優先株式（払込金額総額 3,500 億円）の発行
	6月13日	早期健全化法に基づく公的資金永久劣後ローンの一部返済（金額 350 億円）

「りそな：選ばれる金融サービス企業」2007 年版より作成

(2) 2007 年 3 月期現在の公的資金残高
　前述の取り組み結果は、2007 年 3 月期において、2006 年 11 月に永久劣後ローン 200 億円（早期健全化法分）の返済並びに 2007 年 1 月に優先株式 5,328 億円（注入額ベース、早期健全化法分）の買入消却等を実施した。2007 年 3 月末現在の公的資金残高は表 2 のとおりである。
　公的資金合計が 2003 年 9 月末で 31,278 億円あったものが 2007 年 3 月

末では23,724億円と7,554億円減少させ、当初の75.8％にまで改善された。

内訳は優先株式で2003年9月末期に25,315億円あったものが早期健全化法分で5,328億円返済して、2007年3月末では19,987億円に減少させた。また、劣後ローンで金融安定化法分及び早期健全化法分を合わせて2,200億円、早期普通株26億円を返済できたことが要因になっている。

表2　りそな銀行の公的資金の残高の状況

		金　額 2003年9月末(1)	金　額 2007年3月末(2)	返 済 額 (2)-(1)
公的資金合計		31,278	23,724	▲7,554
優先株式		25,315	19,987	▲5,328
早期健全化法		8,680	3,352	▲5,328
	乙　種	4,080	1,633	▲2,447
	丙　種	600	600	―
	戊　種	3,000	119	▲2,881
	巳　種	1,000	1,000	―
預金保険法		16,635	16,635	―
	第1種	5,500	5,500	―
	第2種	5,635	5,635	―
	第3種	5,500	5,500	
劣後ローン		3,000	800	▲2,200
金融安定化法		2,000	―	▲2,000
早期健全化法		1,000	800	▲200
早期普通株		2,963	2,937	▲26

「りそな：選ばれる金融サービス企業」2007年版より作成

(3) 財務的実績

りそな銀行は、2003年5月17日、内閣総理大臣より、預金保険法102条第1項第1号措置として資本増強の措置を講じる必要がある旨の認定を受けた。

これに伴い、大和銀行、近畿大阪銀行、あさひ銀行を統合した持ち株会社を中心とした、りそなホールディングス・りそな銀行の「経営計画の健全化のための計画」に基づき、経営合理化、収益力強化について具体的に履行している。

第 7 章　預金保険法適用と問題点の比較並びにその地域への影響

収益状況、営業経費、不良債権比率及び自己資本比率から、それらを分析してみると以下のとおり経営内容はおおむね順調に進展しているといえる。

① 収益状況

連結粗利益は、2004 年 3 月期に 7,750 億円であったがその後、徐々に順調な実績を上げ、2007 年 3 月期には 1.04 倍の 8,052 億円になった。連結当期利益は、2004 年 3 月期では▲16,639 億円であったものが、2007 年 3 月期にはプラス 6,648 億円と劇的な回復を実現している（表 3）。

表 3　りそな銀行の収益状況　　　　　　　　　　　　　　　　（単位：億円）

	2004 年 3 月	2005 年 3 月	2006 年 3 月	2007 年 3 月
連結粗利益	7,750	7,631	7,686	8,052
連結当期利益	▲16,639	3,655	3,832	6,648

「りそな：選ばれる金融サービス企業」2007 年版より作成

② 営業経費

コストダウンの状況について見ると、まず、営業経費は、2004 年 3 月期で 5,100 億円であったものが、2007 年 3 月期には 25％減の 3,845 億円になっている。経費率から見ても、2004 年 3 月期で 65.8％から 47.8％にまで減少している（表 4）。

表 4　りそな銀行の営業経費の状況　　　　　　　　　　　　（単位：億円・％）

	2004 年 3 月	2005 年 3 月	2006 年 3 月	2007 年 3 月
経　　費	5,100	3,820	3,840	3,845
経 費 率	65.8	50.1	50.0	47.8

「りそな：選ばれる金融サービス企業」2007 年版より作成

③ 不良債権比率

　金融再生法基準に基づく不良債権比率は、2004年3月期開示債権額18,841億円であったものが、2007年3月期には6,868億円と36％にまでに減少している。不良債権比率も6.74％から2.47％にまで大幅に低下した（表5）。

表5　りそな銀行の不良債権比率（金融再生法基準）の状況（傘下銀行合算）　（単位：億円・％）

	2004年3月	2005年3月	2006年3月	2007年3月
開示債権額	18,841	9,188	7,108	6,868
不良債権比率	6.74	3.39	2.56	2.47

「りそな：選ばれる金融サービス企業」2007年版より作成

④ 自己資本比率

　自己資本の状況は、2004年3月末で17,735億円、自己資本比率7.74％だったものが、2007年3月末では25,158億円10.56％に充実された。

　これは、事業の積極的展開とコストダウン、それによる利益の拡大策が結果として自己資本率の増加に繋がっていると言える（表6）。

表6　りそな銀行の自己資本比率　（単位：億円・％）

	2004年3月	2005年3月	2006年3月	2007年3月
自己資本額	17,735	22,034	23,860	25,158
自己資本比率	7.74	9.74	9.97	10.56

「りそな：選ばれる金融サービス企業」2007年版より作成

２．預金保険法適用後の足利銀行の業務実績の推移

　足利銀行の貸付金残高は2003年3月期40,148億円であったものが2005年3月末では31,855億円まで減少したが、これは不良債権処理によるものが主で、その後リテールバンキングの強化等の新しい融資戦略の展開により残高も増加に転じていった。2007年3月では32,130億円にまで回復してきた。

　また、預金残高は、2003月3月では49,417億円あったものが、2007年3月では42,205億円まで減少した。これは、銀行の一時国有化で積極的勧誘を控えたことが大きな原因である。

　実質業務純益は2004年3月の521億円から2007年3月には210億円になり減少傾向にあるが、債務超過額は2004年3月6,790億円あったものが2007年3月では2,900億円と40.3％にまで減少している。

　不良債権残高も2004年3月7,317億円に対して2007年3月では1,641億円と22.4％まで減少している。その結果不良債権比率は2004年3月で20.62％だったものが2007年3月では5.10％にまで下がっている。

　行員数は2003年3月の2,829人に対して2007年3月では2,129人と75.2％にまで減少し、有人店舗数は2003年3月に171店舗あったものが2007年3月には149店舗にまでになる等、人的施設的にも合理化が進んだ。

　このように、経営再生はほぼ順調に進み、確かに3号適用で銀行の経営再生はV字型で再生した。しかし、この間、職員の給与等人件費を低位に抑え、かつ、預金保険機構への預金の保険料の免除等の手厚い支援があったことも見逃せない（表7）。

表7 足利銀行の業績の推移　　　　　　　　　　　　　　　　　　　（単位：億円）

	2003年3月	2004年3月	2005年3月	2006年3月	2007年3月
貸 出 金 残 高	40,148	35,474	31,855	31,991	32,130
預 金 残 高	49,417	44,762	43,600	43,104	42,205
実 質 業 務 純 益	485	512	455	440	210
不良債権処理損失額	316	4,644	127	25	39
純 損 益	▲710	▲7,828	1,219	1,603	212
債 務 超 過 額	—	6,790	5,622	3,879	2,900
不 良 債 権 残 高	5,336	7,317	3,983	2,488	1,641
不 良 債 権 比 率	13.20%	20.62%	12.60%	7.77%	5.10%
行 員 数（人）	2,829	2,628	2,300	2,180	2,129
有 人 店 舗 数	171	169	155	150	149

足利銀行「デスクロージャー誌」各決算関係開示資料より作成。不良債権残高比率はリスク管理債権

3．預金保険法102条1項1号と3号適用の評価

　預金保険法102条1項1号と3号との比較により、その功罪を整理してみた。

　第1は、同条3号は金融機関同士の不公平感を生じさせることである。3号適用金融機関は、破綻処理後再生された新生足利銀行を引き受けることになり、当該金融機関は公的資金で不良債権が整理されるので金利コスト競争できわめて有利になる。一方、1号適用金融機関及びそれ以外の地域の金融機関は不良債権を引きずっており、かつ、自己努力により生み出した利益で不良債権を処理していかざるを得ず、コスト面、競争面で不利になる。

　第2は、企業間競争の不公平感である。3号適用の多額の債務カットされた企業は有利子負債の減少により負担が少なくなる。他方、1号適用企業の他、一般企業等、真面目に債務を背負っている企業は借り入れコスト面で

不利になる。

　第3は、3号適用の役員責任であるが、確かに保持している株式及び一部資産の提供はあるが、会社整理法等、法的整理の場合の役員責任の追求措置に比べ緩やかである。ともあれ、これらの社会的、経済的混乱や損失、不公平感を考えると、同法1項1号適用が公平性のある合理性をもったもののように思われる。3号は急激で銀行の再生には即効性はあるが、地域社会全体を考えると、多くの企業や地域経済、行政まで巻き込む等副作用が大きく、特にシェアの大きい地方金融機関への適用に当たっては立法や実務上の課題がある。

第2節　地域経済への影響

1．地域金融機関への一律国際的会計基準等適用の問題点

　金融機関の経営破綻による不良債権処理は中小零細企業の整理であり、地場産業及びその周辺の農村共同体、地域社会の崩壊に影響する。

　必ずしも中小零細企業の実態に合わない、むしろ企業に適した国の金融検査マニュアルの機械的適用による融資先選別と過重なる引当て指導により、融資の慎重化（貸し渋り）を促し、その影響を受けて融資を受けられなくなる中小零細企業が多く、経営悪化を増幅させたことはいなめない。

　そもそも、自己資本比率中心のグローバル・スタンダードの資産査定基準は、地域の中小零細企業を顧客とする地方・地域金融機関にはなじまない。何故なら、中小零細企業はキャッシュフローがうまくいっていればゴーイング・コンサーンできるからである。

　したがって、地方銀行や信用金庫・信用組合等、地域金融機関に全面的

に依存し、相互依存関係による共同体的関係で生きている中小零細企業で形成されている地域商店街への打撃は大きい。市場原理主義による市場競争で勝ったもののみが残るという強者の論理、すなわちダーウィニズムは、地域で共同組織により支え合って生きている企業にはそぐわない。地方の中小零細企業は自己資本比率でなく、キャッシュフロー、即ち、現金収支による経営であり、経営がそれによって継続しているのが実態である。例え債務超過であっても、経営が持続していける程度なら現実に継続している。これを厳格に、都市銀行並みにグローバルスタンダードを適用していくと、地方の金融機関の不良債権整理は地域の中小零細企業の整理であり、追加融資を難しくし、破産、廃業を増加させる。

　特に、栃木県の基幹産業である観光地のホテル・旅館業は単一産業であり、かつ企業群を形成しているからこそ温泉郷となりえる。その業種が崩れると温泉郷そのものは勿論、村が、町が、市が、農村共同体が、伝統文化が消え、地域全体が沈むことになる。この結果、①中心市街地の空洞化、②地域商店街及び農村共同体の崩壊の促進、③過疎化の進行、④地域伝統・伝承文化の消滅の懸念、⑤自治体（市町村）の存亡の危機等が懸念され、地域全体への影響が大きい。そして、農山村の過疎化や観光産業、農村共同体等への崩壊を助長する。

　特に、地域の中小零細企業を融資先とする地方の金融機関の検査基準は、地域金融機関の実態にあった検査マニュアルを作成して、いわば、グローバル・スタンダードだけでなく、地域性、規模の特性を加味したリージョナル・スタンダードによることが重要である。ただ、過度な融資先と金融機関の相互依存関係は企業経営の自主性、主体性が育たなくなることに留意することが必要であることは言うまでもない。

2．地域政治経済の混乱

　急激に不良債権処理が進むと企業整理に繋がり、地域の政治経済に混乱をあたえる可能性を持っている。シェアが大きいほどそれは大きい。事実、足利銀行は1996年5月、創業以来初となる1995年度の赤字決算を発表した。1998年3月期には289億1,200万円の当期損失を計上した。1998年3月には預金保険機構が300億円の公的資金を投入することを決定した。更に、1999年5月には2年連続の赤字決算発表、自己資本率は4％台になった。これらに加えて、1999年9月には、国の金融再生委員会が1,050億円の公的資金の投入を決定すると、県内経済に大きな不安が広がっていった。県でもこれらの状況に憂慮し、2001年12月には3億円の出資を決定した。そして、2003年11月、足利銀行の一時国有化に至った。

　これらに対処して、県内に本店を置く地元金融機関等が主体になって、地域ファンドやその運営会社を設立して、不良債権処理に伴って起こる企業の経営破綻を防ぐための企業再生への取り組みが行われる等、県議会、県政において、政治問題として譲渡先が決まるまで活発な議論と活動が行われることになった。そのうえ、これが政争の具にまでなっている様相を呈していた。3号は株式の無価値化及びオフバランスされる融資先の企業のセーフティーネット政策が、ワンパッケージとして整備されていないからである。りそな銀行のように1号適用による公的資金注入を基本とする支援のほうが地域経済の混乱は少ないとも言える。

　　　(参考)「預金保険法」関係条文
　　　(目的)
　　　第1条　この法律は、預金者等の保護及び破綻金融機関に係る資金決済の確保を

図るため、金融機関が預金等の払戻しを停止した場合に必要な保険金等の支払と預金等債権の買取を行うほか、破綻金融機関に係る合併等に対する適切な資金援助、金融整理管財人による管理及び破綻金融機関の業務承継その他の金融機関の破綻の処理に関する措置、特定回収困難債権の買取りの措置、金融危機への対応の措置並びに金融機関等の資産及び負債の秩序ある処理に関する措置等の制度を確立し、もって信用秩序の維持に資することを目的とする。

〜(略)〜

(金融危機に対応するための措置の必要性の認定)
第102条　内閣総理大臣は、次の各号に掲げる金融機関について当該各号に定める措置が講ぜられなければ、我が国又は当該金融機関が業務を行っている地域の信用秩序の維持に極めて重大な支障が生ずるおそれがあると認めるときは、金融危機対応会議(以下この章から第8章までにおいて「会議」という。)の議を経て、当該措置を講ずる必要がある旨の認定(以下この章において「認定」という。)を行うことができる。

一　金融機関(次号に掲げる金融機関を除く。)　当該金融機関の自己資本の充実のために行う機構による当該金融機関に対する株式等の引受け等又は当該金融機関を子会社(銀行法第二条第八項に規定する子会社又は長期信用銀行法第十三条の第二項に規定する子会社をいう。以下第百八条の三までにおいて同じ。)とする銀行持株会社等(第二条第五項第一号又は第三号に掲げるものに限る。以下第百八条の三までにおいて同じ。)が発行する株式の引受け(以下この章において「第一号措置」という。)

二　破綻金融機関又はその財産をもって債務を完済することができない金融機関　当該金融機関の保険事故につき保険金の支払を行うときに要すると見込まれる費用の額を超えると見込まれる額の資金援助(以下この章において「第二号措置」という。)

三　破綻金融機関に該当する銀行等であって、その財産をもって債務を完済することができないもの　第111条から第119条までの規定に定める措置(以下この章において「第三号措置」という。)

2　内閣総理大臣は、労働金庫又は労働金庫連合会に対して認定を行おうとするときは、あらかじめ、厚生労働大臣の意見を、株式会社商工組合中央金庫に対して認定を行おうとするときは、あらかじめ、経済産業大臣の意見を、それぞれ聴かなければならない。

〜(略)〜

4　第三号措置に係る認定は、第二号措置によっては第一項の支障を回避することができないと認める場合でなければ、行うことができない。

5　内閣総理大臣は、第一号措置に係る認定を行うときは、当該認定に係る金融機関又は当該金融機関を子会社とする銀行持株会社等が第百五条第一項又は第二項の申込みを行うことができる期限を定めなければならない。

6　内閣総理大臣は、認定を行ったときは、その旨及び当該認定が第一号措置に係るものであるときは前項の規定により定めた期限を当該認定に係わる金融機関、当該金融機関を子会社とする銀行持株会社等及び機構に通知するとともに、官報により、これを公告しなければならない。

7　内閣総理大臣は、第三項の規定により決定をしたときは、その内容を公表しなければならない。

8　内閣総理大臣は、認定を行ったときは、当該認定の内容を国会に報告しなければならない。

〜（略）〜

（特別危機管理銀行の株式の取得の決定）
第111条　内閣総理大臣は、第三号措置に係る認定と同時に、機構が当該認定に係る銀行等の株式を取得することの決定（次項において「特別危機管理開始決定」という。）をするものとする。

〜（略）〜

（株式の取得等）
第112条　前条第二項の規定による公告があった場合には、特別危機管理銀行の株式は、当該公告があった時（以下この章において「公告時」という。）に、機構が取得する。

2　前項の規定により機構が取得した株式に係る株券は、公告時において無効とする。

〜（略）〜

第Ⅰ部　足利銀行の一時国有化に至る要因分析及び企業再生の手法と実績評価

第8章　中小企業再生への取り組み

　最近、企業再生の機運が高まってきている。企業再生は、そもそも米国で生まれた新しいビジネスと言われている。日本で話題になってきたのは、2002年12月10日に行われた事業再生研究機構主催で笹川記念会館での「事業再生の担い手?ターンアラウンドマネージャ」と題するシンポジウムが大きな引き金になったと言われている。時あたかも日本企業はバブル経済の後遺症で疲弊しきっていた。特に、中小企業の活力回復は深刻な課題であった。

　栃木県では、県内金融シェア約50％を持つ足利銀行の経営が不良債権を抱え瀕死状態になっていた。2003年11月29日付け、預金保険法102条1項3号による経営破綻金融機関に認定され、一時国有化による再生金融機関になって、不良債権処理が一気に進められることになった。一方では、融資先の選別が否応なしに進められることになった。具体的には、再生可能な企業と会社整理の二者択一によるバランス・シートの改善だった。その一環として地域ファンドを組成して㈱産業再生機構と一体となって企業再生を図っていくことになった。

第1節　栃木県における企業再生の目的

　栃木県における企業再生の目的は中小・中堅企業が新時代の産業へ対応できるようにするため、経営構造の体質改善による企業活性化であるが、直接的要因は、栃木県の場合、足利銀行経営破綻処理の企業及び地域経済社会への影響をできるだけ少なくするため、緊急にファンド組成をする必要があった。

　足利銀行の経営破綻処理の影響で、県内企業や県民への安定的な資金供給パイプが細り、企業活動や県民の日常生活資金の調達、決済に深刻な影響

が生じ、ひいては、連鎖的倒産と県内経済の混乱が出ることが懸念されていた。そのような状況下で、債務超過であるが本業の経営基盤がしっかりしている中小企業を資金面を含めて再生支援をする目的で、県内金融機関や有志企業によって地域ファンドを運営する会社、㈱とちぎインベストメントパートナーズが2004年7月9日に設立された。同年8月31日に中堅企業向けに30億円の、同年11月25日に中小企業向けに50（内中小企業基盤整備機構25）億円のファンドが組成された。

第2節　再生方法

　企業再生の方法は民間ファンドを組成して、それを株式投資や債権買取り等に活用し、経営権を取得して企業再生を図る方法である。再生支援を決定して、投資するまでは厳密な法的、財務的調査分析をして決定していくことになる。投資後は、細心の注意を払って再生の目処がつくまで経営を監視し、再生の方向がついたところで入札の方法によって譲渡していく方法をとる。ただし、例外的には、再生途中でも譲渡要望があり、再生計画路線を引きついで経営再生を行う企業があれば譲渡して再生は完了する。

　その流れは次のようになる。不良債権の整理に伴って再生が可能な企業と再生が不可能な企業に分けられる。

1. 経営再生不可能企業

　経営再生が不可能な企業は民間の債権回収企業、㈱産業再生機構または㈱整理回収機構へ債権売却する。売却方法は入札が一般的である。買い取った機構やファンド及び企業は企業利益やリファイナンス、あるいは、会社

整理で債権回収を行う。会社整理による債権回収は他の金融機関への影響（損失）を伴う。

2．経営再生可能企業

　再生可能な企業は一般的には、メイン銀行が県中小企業再生支援協議会（以下、「協議会」とする）や民間再生支援会社（ファンド等）や整理回収機構等に予め相談する。そこで再生可能性があれば、メイン銀行は国の出先機関である県協議会に正式に持ち込み、金融機関の債権放棄額等の金融機関調整を経て、再生可能な計画作りをする。そこで、協議会から適切である旨の意見が出れば再生支援会社等に持ち込むことになる。

　再生支援企業として要請を受けた場合のファンドを運営する再生支援会社の対応を述べてみると次のとおりである。

　第1に、再生可能性調査のため、デューデリディンス（財務、法務を中心に問題点の抽出と対応可能性を調査）を実施。第2に、金融機関の債権放棄の支援で再生計画が前提の金融機関の債権放棄の調整と確認をする。第3に、再生計画の作成が前提で整理されると投資金額等が決定され、再生計画の基本を作る。第4に、再生計画の進行管理である。再生計画が出来てスタートするとその進行管理が行われる。第5に、企業譲渡で、再生完了または、その見通しができると企業譲渡に移る。

　再生完了または、その見通しがたった段階による企業譲渡では、①フィナンシャル・アドバイザー（FA）を選任して、FAを中心に入札（BIT）を原則にして譲渡先企業を決める。②譲渡に当たっては、（ア）再生経営路線を引き継ぐ、（イ）従業員の引き継ぎは最低条件とするのが一般的である。なお、完全再生完了の基準は、私的整理ガイドラインに則り、（ア）繰越欠損金の解消、

(イ) 実質債務超過解消、(ウ) 有利子負債／キャッシュフロー＜10、(エ) エクィティ型投資回収＝従業員一人当たり付加価値額の向上を基準に判断する。

3．企業再生に伴う問題点

　預金保険法102条1項3号は銀行の再生に、国有銀行として税金で不良債権等の処理を行うので、金融機関再生には即効性はあるが、地域企業、地域経済には影響が大きい。

　特に、次の不公平問題が惹起されるのでこの問題を再生対象企業以外の一般企業にどう説明していくかが大きな課題になる。例えば、国有銀行（足利銀行）は税金で負担するが、他の金融機関は免除債権分を自己負担する不公平感。また、債務免除受けた企業は債務負担が減り、コスト競争力が強くなる。一方、該当外の企業はコスト競争で不利になる等である。

第3節　栃木県の地域ファンドの特色とスキーム

1．特色と課題

　栃木県の企業再生手法の大きな特色は、地元に本店を置く全金融機関と国の中小企業基盤整備機構、政策投資銀行、民間投資銀行の出資による、中小企業向けファンドである㈲とちぎフィナンシャルキャピタル（以下「Aファンド」とする）と、中堅企業向けファンドである㈲とちぎフレンドリーキャピタル（「以下「Bファンド」とする）の2つのファンドを組成したことである。

　そして、それを運営する㈱とちぎインベストメントパートナーズ（以下「TIP」とする）を設立してファンドを運用する方式を作った。ただ、もともと2つのファンドにしたのは、Bファンドは中小企業基本法に該当しない中堅企業を対象とす

る事業展開であるためである。Aファンドは、中小企業基本法に該当する企業が対象で、中小企業庁所管の中小企業基盤整備機構が半額出資のファンドのためである。国の予算が入る再生ファンド事業では中小企業が対象で中堅企業は対応できないため、あえて2つになった。使う側から言えば1つがいい。国は実態に合った国民が使う立場で使いやすい、実効性から施策を考えるべきである。

2. 地域ファンドスキーム

地域ファンドスキームは、中小企業向けのAファンドと、中堅企業向けのBファンドから構成されている。更に、それを運営するTIPにより全体を形成している（図1、2）。

図1　ファンド等スキーム図

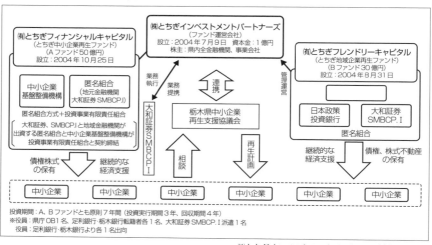

㈱とちぎインベストメントパートナーズ資料より作成

図 2　模式図

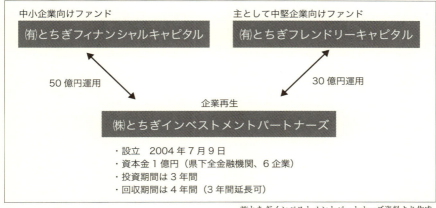

㈱とちぎインベストメントパートナーズ資料より作成

第 4 節　投資と回収手法

まず、投資にあたっては、企業規模、企業特性や再生計画等に応じて「エクイティ型」と「デット型」の両アプローチのうち最適な方法を採用する。

1．エクイティ型

〈投資〉　再生を目指す企業のエクイティに投資し、再生に必要なリストラクチャリングや設備投資等に係る資金を、株式や新株予約権付社債等により供給する。

〈回収〉　株式の場合は、経営者による買戻し、スポンサー企業への売却、株式公開により回収する。新株予約権付社債の場合は、株式に転換して「株式の場合」と同様の回収、もしくは転換せずに改善された営業キャッシュフローや、市中金融機関からの自立調達資金（リファイナンス）により回収する。

2. デット型

〈投資〉 金融機関から再生を目指す企業の貸出債権を購入し、再生計画に沿って貸出債権の一部免除や株式化等による財務改善を実施する。

〈回収〉 再生計画により改善した営業キャッシュフローや遊休資産の売却代金、あるいは、市中金融機関等からの自立調達資金（リファイナンス）による弁済等により回収する。

第5節　企業再生の戦略と役割

1. 戦略

第1は、県内中堅・中小企業の抜本的経営改革による「強い、伸びる中堅・中小企業経営の創造」と県内産業構造の強化への寄与である。

第2は、足利銀行経営破綻の地域経済、県内経済への影響の極小化、即ち、不良債権処理の影響による地場産業への打撃、雇用の混乱、街の空洞化、廃墟化、過疎化の回避と自治体機能の維持である。

2. 役割

企業再生の役割をまとめてみると大きく次の3つに整理される。

第1は、地場産業を従来型の補助金や制度融資等の公的資金による支援でなく、主体的に企業として自立すること。

第2は、地域での経済・雇用の中核的役割を果たしている中小、中堅企業を支えること。

第3は、単に投資効率の最大化を追求するのでなく、地域経済、地域づくり

を考えた公益的観点から企業再生を考えること。

そのため、AファンドとBファンドを組成して、その運用により企業再生を担う役割を果たすのが、ファンド運用会社であるTIPの役割である。投資期間は、3年間、回収期間は4年間の7年間が原則としている。しかし、事情により、回収期間を3年間延長でき、計10年間とすることもある。

第6節　企業再生までの手順

企業再生までの手順は5段階にまとめられる。
＊第1段階
（作業内容）
- 企業の金融機関への再生相談
- 再生可能性の概要調査分析
- デューデリジェンス（詳細調査、分析、検討）

特に、この段階で、厳密、正確に調査、分析を行うことが必要である。これをあいまいにすると、次の再生計画そのものが意味を成さなくなる。
＊第2段階
（作業内容）
- 再生の核となる経営資源の見極め
- 新しい事業戦略の確立
- 再生に向けた株主・経営者・関係金融機関との合意形成
- 協議会、TIPとの協議
- 経営再構築計画の立案決定
- 協議会でファンド使用推奨

- 計画策定

＊第3段階
（作業内容）

　この段階は、再生の核となる経営資源の見極めと絞り込みが重要である。これが新しい戦略の土台になるからである。次に、重要かつ、時間がかかるのは、再生に向けた株主、経営者、関係機関の調整と合意形成である。特に、株主、経営者調整は株式が無価値になり、資材提供と何より一族経営を手放すことへの抵抗がある。更に、金融調整は、債権放棄の合意形成で難航する。

- ビジネス・財務・税務・法務・資産評価
- 再生計画の検討・評価
- 投資戦略の検討と投資委員会の投資決定

＊第4段階
（作業内容）

- 再生対象企業からの債権保有
- 株式取得
- 再生途上運転資金融資
- 社債引受け
- 中核的役職員の派遣
- 債務免除
- 計画管理・実績検討（モニタリング）

　この段階では株式取得、社債取得、DES（Dept Equity Swap、債務〈借入金〉を後に株式に転換するもの）、債権取得あるいは役員派遣等により経営権を取得して実質的経営権を握る。再生途上の運転資金の融資が問題になる。再生途上では、必ずしも軌道に乗るまでの間計画達成が十分でない場合、資金繰り

で融資機関との間で難航する場合がある。また、経営は「人」と言われるように人材は重要だが、零細企業で働こうという強い意思を持った人が少ない。この問題をどう工夫するかが課題になる。

＊第5段階
（作業内容）

　この段階では、何といってもスポンサー探しが重要になる。手順はまず公平性、透明性を確保するため、中立的立場のフィナンシャル・アドバイザー（FA）を決定し、一定のスポンサー候補募集条件を提示して候補が決まれば、BIT（入札）で公平、公正に1社に絞り込む。基本的には、現従業員と再生路線を引き継ぐことを基本原則にする。

・FA の決定・新スポンサー候補の公募・企業の内容公開
・新スポンサー決定
・債権回収
・株の売却
・再生企業の自社株買い入れ
・通常融資取引の回復・正常化

第 7 節　とちぎ地域ファンドの実績（2008 年 3 月 31 日現在）

1．A ファンドの案件について

A ファンドの実績は表 1～4 のとおりである。

表 1　2005 年度実績　　（単位：百万円）

業　種	鉱業他 1 業種
件　数	3 件（うち再生終了 3 件）
投資資金	57.2（うち再生終了 57.2）

（株）とちぎインベストメントパートナーズ資料より

表 2　2006 年度実績　　（単位：百万円）

業　種	建設業他 7 業種
件　数	9 件
投資資金	1392.5

（株）とちぎインベストメントパートナーズ資料より

表 3　2007 年度実績　　（単位：百万円）

業　種	宿泊業他 1 業種
件　数	5 件
投資資金	532

（株）とちぎインベストメントパートナーズ資料より

表 4　A ファンドの実績総計
（2005～2007 年度）（単位：百万円）

業 種 数	8 業種
件　数	17 件
（うち再生中）	（14 件＝宿泊業 13 件）
（うち再生終了）	（3 件＝鉱業他 2 件）
投資金額	1,981.7
（うち再生中）	（1,924.5）
（うち再生終了）	（57.2）

（株）とちぎインベストメントパートナーズ資料より

A ファンドの年度別実績について、2005 年度は鉱業他 1 業種 3 件で投資額 5,720 万円、2006 年度が建設業他 7 業種 9 件、投資額 13 億 9,250 万円、2007 年度が宿泊業他 1 業種 5 件で 5 億 3,200 万円、2005～2007 年度までの合計では 8 業種 17 件、投資額 19 億 8,170 万円となった。うち再生中は 14 件、投資額 19 億 2,450 万円、再生終了は 3 件、投資額 5,720 万円。これは

第 8 章　中小企業再生への取り組み

2005年度までに、県内経済に比較的大きな影響のある中堅企業を中心に手がけ、それが一段落したため2006年度以降は、比較的小規模の中小企業にウェイトをおいて、取り組んだためである。更に業種的には、地元スーパーや医療、地元建設業、飲食等多様な支援先企業の広がりが見られた。

2．Bファンドの案件について

Bファンドの実績は表5～7のとおりである。

表5　2004年度実績　　（単位：百万円）

業　種	宿泊業他2業種
件　数	11件
（うち再生中）	6件（宿泊業のみ）
（うち再生終了）	5件（運輸業他4件）
投資金額	1,858.4
（うち再生中）	1,359.4
（うち再生終了）	499

(株)とちぎインベストメントパートナーズ資料より

表6　2006年度実績　　（単位：百万円）

業　種	小売業他1業種
件　数	2件（再生中）
投資金額	540

(株)とちぎインベストメントパートナーズ資料より

表7　Bファンドの実績総計
　　（2004～2006年度）　（単位：百万円）

業　種	宿泊業他3業種
件　数	13件
（うち再生中）	8件
（うち再生終了）	5件
投資金額	2,398.4
（うち再生中）	1,899.4
（うち再生終了）	499

(株)とちぎインベストメントパートナーズ資料より

Bファンドの年度別実績について、2004年度に手がけた再生中案件は、宿泊業6件、投資額13億5,940万円となった。また、2004年度に投資実行をし、2007年3月末までに再生が終了案件は、製造業1件、投資額1億3,000万円、

運輸業1件、投資額1億円、宿泊業3件、投資額2億6,900万円の計5件で、投資額4億9,900万円であった。2006度は、再生中の案件が製造業1件、1億4,000万円、小売業1件、投資額4億円で計2件、投資額5億4,000万円となった。

　したがって、Bファンド全体では、再生中及び再生終了を含めると、2004年度が製造業他2業種11件、18億5,840万円、2006年度が小売業他1業種2件、5億4,000万円で、総合計で4業種、13件、23億9,840万円となった。

3. Aファンド、Bファンドの全体結果

　Aファンド、Bファンドの全体の業種別件数、投資額は表8とおりになった。

表8　業種別件数・投資金額等実績　　　　　　　　　　　　　　　　　　（単位：百万円）

業　種	件　数	投資金額	売上高	従業員数（人）
1. 鉱　　業	1		4,024.0	35
2. 建　設　業	3		19,492.0	369
3. 製　造　業	6		2,298.6	213
4. 運　輸　業	1		5,822.0	675
5. 倉　庫　業	1		782.0	43
6. 卸　売　業	1	4380.1	328.8	7
7. 小　売　業	1		9,308.8	308
8. 飲　食　業	1		114.7	10
9. 宿　泊　業	12		12,508.0	757
10. 医　　業	1		142.6	9
11. 金　融　業	2		162.0	10
合　　　計	30		54,983.5	2,436

（株）とちぎインベストメントパートナーズ資料より

　Aファンド、Bファンドの2007年度までの実績は全体で11業種30件、投資総額は43億8,010万円となった。業種別では旅館ホテルの宿泊業が12件

と全体の40%、投資額で16億4,840万円で42.8%と圧倒的に多かった。従業員数も旅館・ホテルの占める割合は31.1%で最も多い。売上高では建設業が最も多く36%である。また、総計従業員2,436人、売上高549億8,350万円の危機回避の雇用効果、経済効果をそれぞれ果たしたことになる。

更に業種的にも、地元スーパーや医療、地元建設業、飲食等支援先企業の業種等11業種への広がりにより、より広い業種で経済混乱が避けられた。

（参考）
「私的整理ガイドライン」は2001年4月の政府の緊急経済対策を受け、私的整理に関するガイドライン研究会（座長　高木新二郎〈獨協大学教授〉）が金融界、学界及びオブザーバーとして関係官庁の参加の下に2001年6月13日に発足し、2001年9月19日に取りまとめ結果を公表したものである。その性格は、法的拘束力がないものの金融機関等主要債権者、企業である債務者並びにその利害関係者によって、自発的に尊重される、いわば、真に再建に値する企業の私的整理に関する金融界、産業界の一般的コンセンサスである。主な内容は、①実質的債務超過を3年以内に解消できること、②経常利益が3年以内を目途に黒字転換できること、③株主に権利を消滅させること、④債権放棄を受ける時は役員は退任すること等である。

第9章　中小企業再生支援の評価と課題

第1節　ファンドによる支援の評価

1. 県内経済への影響を最小限に

　2006～2007年度までのとちぎ地域企業再生ファンドである㈲とちぎフィナンシャルキャピタル（以下「Aファンド」とする）と、㈲とちぎフレンドリーキャピタル（以下「Bファンド」とする）の業種別等種別件数を見ると、旅館・ホテル業等総計11業種、30件である。また、投資決定時11件の企業が継続的に経営活動を維持したことによる経済効果としては、およそ2400人、これに下請取引先企業等関連企業を含めると更に数倍か十数倍多くの労働者が大きな社会問題となるようなリストラに直面することもなく雇用が確保されている。また、売上高は約550億円にのぼり、おそらく関連取引会社を含めるとこれらの波及効果は限りなく大きい。このように、ファンド活用によって当初の足利銀行の経営破綻処理による地域経済の懸念は回避できたと言える。

2. 企業再生ビジネスモデルの構築

　企業再生を推進するには、自信に満ちた理想と再生に向けた熱い情熱を持ったリーダーが必要である。

　とちぎ地域企業再生ファンドでは、その企業を再生するのは理論的に整理された数字と美しい文章で表現される再生計画書だけでは実現しない。それを実現するのは当該再生企業の組織を構成する役職員である。特に企業再生に欠かせない重要なことは、役職員の意識改革に始まる企業システムの大転換である。即ち、改革でなく企業経営の「文化大革命」であると言っていい。通常

なら革命は、旧体制派と新体制推進派との主導権争いが伴うのが普通であるが、金融機関と投資者が再生の前提として「私的整理に関するガイドライン」に基づき強制的に旧体制派の経営陣を退陣させる。その上で、役職員の意識改革をはじめとした経営システム全体を抜本的に変革させる革命である。このようにして、内部からの改革と外部からの支援とによって役職員一体となった再生に向けたベクトルが作り出されていく。その過程で旧態然とした一族経営からの脱却と誰でも努力すれば昇進できる希望と、誰でも提案や意見を言える雰囲気が生まれる。いわば、経営の民主化でもある。

3. 県中小企業への再生専門家によるノウハウの移植効果

再生対象企業に対しては民間投資銀行や政策投資銀行、㈱産業再生機構の高度なスキルを有した専門スタッフにより、再生計画の進捗管理が濃密かつ厳格に行われ、外部からの改革エネルギーを注入することとなる。企業再生の要諦は「売れる仕組みと儲かる仕組み」づくりとその定着にある。そのためには、役職員は従来のやり方を全部否定して取り組む覚悟が求められ、業務処理プロセスの見直しから始まり、業務ごとに計画された達成目標の進捗状況について毎週定例的に検討会を開き、社長や部門責任者から報告を受け、再生計画遂行に当たって、たとえば、コストアップの原因となる生産工程に無駄が生じ、過剰な仕掛品が中間在庫としてある、といったボトルネックの改善策や顧客のクレーム処理等、幅広く期日管理や具体的数値目標と実績値とのギャップ分析を行う。そして、問題点を徹底的に洗い出し、問題点の抽出→解決→前進→検証のサイクルを通じて改善と実行を促す。スタッフが示す指示提案は具体的である。このように再生案件を通して個別具体的な取り組み活動から再生企業内の役職員が経営改革の実際を学習し、体得する

ことで当該企業に植えつけられる、高度な企業再生のツールや経営管理手法の価値は図り知れないほど大きい。そして、実際に経営の現場で取り入れられた各種マネージメントツールが他の県内企業にとって先進事例として経営改革のモデルとして展示的な効果をもたらすこととなる。

4. 企業再生の具体的効果と地域経済への影響

とちぎ地域ファンドであるAファンド、Bファンドの企業再生の具体的効果は次のとおりである。

第1には、温泉郷では、中心的旅館・ホテルを支援することにより、旅館・ホテルの集積によって形成される温泉郷としての機能を維持でき、地域社会のドミノ的連鎖的崩壊を防げたこと。

第2には、文化、経済、福祉等のまちと村を結ぶ動脈である県内の乗降客の70余％を占めるバス会社を支援し、地域社会の交通機能が維持できたこと。

第3には、国内で唯一残っていた消滅寸前の天然素材使用（タンニン）のなめし皮革製造会社を再生したことにより、貴重な伝統技術と地場産業を自立的に維持発展するビジネスモデルができたこと。

第4には、大手ゼネコンに攻められている県内最大のゼネコンを支援して、200前後と言われている裾野に広がる下請け企業への影響を最小限にとどめられたことと、全国チェーン展開のスーパーに対抗して地元スーパーの再生ができたことである。これらにより地域経済の崩壊を回避できた。

5. 再生対象企業からの波及的経済効果

対象再生企業から生じている波及効果は徐々に出ている。具体的には、①経営の安心感により出入りの取引先が増える。②支払いが確実になった。③再

生企業の先導的経営によるパイロット効果が周辺企業に波及して地域経済の安定に寄与する、といった波及効果が生じている。

この波及効果の類型は、第1が経営の手法が周辺企業に浸透していく「じわじわ効果」である。経営手法はできるだけオープンにしないのが企業経営の原則だが、じわじわ周辺に漏れて波及していく効果である。

第2は「地域連携連帯効果」である。これは、支援企業、非支援企業に係らず共通する利益がある共同協働事業である。たとえば共同運行バス、共同イベント等は共同協調の利益があるので即効性がある。

第3は「公共事業等の誘発効果」である。温泉街等破綻して廃墟になった建物の整理をして、公園をつくる等周辺環境の整備等が誘発される。

第2節　中小企業経営の課題

企業再生の作業を通じて明らかになったのは次のとおりである。このことは、再生先企業の特性ではない。中小企業一般に通じるものである。以下整理してみる。

1. 勘と慣習や公私混同で経理処理されている家計と企業的経理

再生企業のほとんどが家業的経理から脱していない。企業的経理には程遠い。家計としての財産経理（収入支出等）と企業としての財産経理が混在しており、いわゆる「どんぶり勘定経理」から抜けきれない。規模が小さくなればなるほどその傾向は大きい。そこで使われている原理は、代々行って来た「慣習や勘」による経理、経営である。したがって、経営判断に必要なデータが揃っていないので、何が問題でどこを改善していくべきか全く判断がつか

ない。そのため、努力しても経営の成果に結びつかない。

2. トップの独断専行経営の弊害と家族的経営の限界

　経営不振企業の多くは、創業百年以上等の老舗が多く、代々一族により経営が引き継がれている企業が大部分である。また、このような企業は一族や家の歴史、伝統へのこだわりが強い。しかし、このことは改革や進取の精神が欠落しているとも言える。このような経営体では、経営は私物化して経営手法はトップによる独断専行と、指示待ち人間と化した役員や従業員の面従腹背といった経営土壌が知らず知らずのうちに築かれ、現場からのボトムアップによる業務改善の提言や従業員からの組織改革への動き等、内発的発展エネルギーは生まれてこない。

3. 近代的経営の科学的基礎データの未整備と会計事務所任せの経営

　再生支援対象企業に共通して言えることは、ほとんどが管理会計のベースとなる数値化された科学的経営管理手法に基づいた経理処理がなされていない。どんぶり勘定で税務申告用の決算書を作ってもらうといった、その場限りの他人任せの経営であり、部門別原価計算や商品別原価計算システム、在庫管理システム等、科学的経営管理の基礎的データが整備されていない。中小企業経営者の多くは、パソコンで簡易に使える経理ソフトがあっても積極的にそれを採用しようとしない。経営者自ら自社の経営の実態を正確に認識していない。また、従業員が業務上の問題点を取り上げて主体的に考え、改革、改善しようとしてもその環境が整っていない。往々にして、長い間、いわゆるベテランと言われる専門的分野を担当している幹部が内部の抵抗勢力となっており、市場環境が大きく変わる中で、競合他社が新しい商品を出したり、サービスの提供方

法を改善しているにも係らず百年一日のごとく同じやり方を通している。その人にしか分からない一身専属のベテラン職員が、むしろ経営改善の障害になっている。まして、このような企業では、そもそも、職務能力をアップさせるための研修養成機会が少なく、従業員にとって、組織的にも、個人的にも、能力研鑽のチャンスがない。したがって、サービスや経営の向上が進まない。これからの企業は、勘による経営から各種計数データの分析に基づき判断される科学的経営への転換が必要である。このことは中小企業経営一般に指摘できることである。

4．ポイズン・ピルになりかねない安易な融資支援依存と融資

　企業再生という業務は、中小企業の経営の内部に入って行う業務である。従業員レベルと経営者レベル、株主レベルを併せ持った視点で経営を見る業務である。そこから分かるのは、中小企業の経営の重要な問題は、資金調達だけでなく経営の課題を認識して、それを解決するための「経営知恵創造機能」の不足ということである。即ち、中小企業は経営改善計画をコンサルタントに依頼して作ってもらってもそれを実現する具体的手法が分からない。コンサルタントの報告書は絵に書いたもちに終わっている。また、取締役会での議論や従業員の権限と責任、内部の経営管理体制等、ガバナンスが確立されていないことが多い。このように、経営者の基礎的能力が具備されていない企業に金融的支援をしても生きた支援にならない。その場限りの資金繰りで経営をしている中小零細企業が大部分である。このような実態を考える時、制度資金等の金融支援を優先して支援していくことが、むしろ債務超過の重畳化を進め、経営のポイズン・ピル（毒薬）や単に企業の延命措置になることこそあれ、経営改善のインセンティブになる効果は少ない。むしろ、外部からの再生支援を通

じて経営のノウハウを具体的に植えつけることが重要である。そうすることによって助成や融資が生きる。

5. 税理士、銀行任せの経営から経営者主体の経営へ

　大部分の中小企業は、経営者に明確な経営哲学や経営戦略がないのが実情である。本来、企業を経営するに当たって、経営者が自ら主体的に考え、科学的、合理的に会社を運営管理することが基本中の基本である。しかしながら、わが国の中小企業を見ると経営を税理士、金融機関任せでいる社長がほとんどである。何か、問題が生じたらその場、その場で考え対応するものの、基本的な判断基準がないから経営方針に一貫性がなく、勘と度胸による思いつき経営で行動している中小企業が大部分である。これからは経営者が主体的に問題意識を持ち、役員、従業員一体となった経営の改善、改革へ取り組むことが必要である。それを欠くと競争に負け存続ができなくなる。これからの企業存続において市場環境の変化を敏感に察知して、自社の経営戦略と改革を敏速に実行、対応していくことが重要である。

第3節　中小企業再生に当たっての課題

　地域再生は産業再生である。産業再生は、それを構成する企業再生であると考える。この観点から、企業再生の現場で感じている様々なハードル、課題について整理すると次のとおりである。

1. 実態的課題

　栃木県の地域ファンドの活用実態を見ると、支援先のほとんどが一時国有化

銀行である足利銀行の取引先である。これは言わば、足利銀行の一時国有化による不良債権処理により、経営の問題点を無理に表に出されたためである。しかし、県内事業所の98％が中小企業であることから見れば、それはほんの一部に過ぎない。そして、中小企業のほとんどが前近代的家族経営であるのが実態である。足利銀行以外の金融機関においても、足利銀行経営破綻前と同様の不良債権（経営不振中小企業）の課題を抱えていると考えられる。いわば潜在的経営破綻中小企業群を抱えていると推察される。

　この課題をどう表に出して真正面から企業再生として解決に取り組むか、これからは、中小企業育成のため、再生の主眼を足利銀行のような経営破綻に伴う非常時緊急避難的対策でなく、平常時的一般対策として金融機能、ファンド機能を含めた中小企業育成の基本的課題として考えるべきことを行政、金融機関に突きつけられていると捉えるべきである。それには、企業再生の優遇税制等制度的環境整備と、従来の金融機関の経営支援機能の考え方を変える必要がある。従来の金融機関の経営支援は、単に貸付金の償還管理にとどまり、経営の抜本的改革に手をつけていないと言っても過言でない。真の経営支援は企業再生である。企業再生はいわば経営革命である。企業再生は経営者（一族経営者等）の退陣やファンド等による株式投資等を通じて経営支配権の掌握、役員、従業員の意識改革、徹底した経済合理性の追求、あるいは、金融機関等の債権放棄による有利子負担の軽減等を行い、経営の人的基盤、組織基盤、財務的基盤を改革強化することでもある。即ち「預金→貸付→回収」という仲介機能のほかに、「預金→貸付→（再生）→回収」という資金循環の中に企業再生機能を大きな柱に据え、「預金→貸付→（再生）→回収」として弱った企業を再生して資金を回収していく機能に変えていくべきで、金融機関、行政はそれに対して積極的に取り組むべきである。

2. 制度的課題

(1) 総合政策の必要性

今回の足利銀行破綻は、シェアが大きいだけに地域経済に与える影響は大きかった。預金保険法102条1項3号は銀行を劇的に再生することには効果的である。しかし、その副作用として金融機関の不良債権処理に伴い融資先企業に大きな混乱を与える。したがって、行政の縦割りの金融政策だけでなく、地域づくり、経営持続のための中小企業育成策、企業再生をしやすい税制等、総合的一体的政策を用意すべきである。

(2) ファンドの制度改革の必要性

中小企業基本法による定義の中小企業では、実態的に地場産業の中小企業として疑いない企業が、規模の制限で地域の実態に合わないものがある。中小企業基本法に基づく企業規模を超えると、中小企業基盤整備機構予算が入っている中小企業向けのAファンドが使えない（例：地場産業のスーパー小売業。従業員308人（法100人以下）、資本規模8,000万円（同5,000万円以下）。したがって、栃木県のように2種類のファンドを作るのでなく、1つで対応できる制度改革の必要性があり、地域経済の実態に合わせた使いやすい、効果的な政策のための法の改正を検討すべきである。

(3) 企業再生と税制の優遇措置の必要性

具体的には、①金融機関、ファンドが債権放棄した場合、債務者は免除益課税になる。

例えば、含み損と債務免除益の相殺は認められるが、含み損を実現させなければ認められない。県中小企業再生支援協議会（以下「協議会」とする）

が認めればよいことになっているが、債権放棄銀行が2つ以上か政府系銀行が1行でないと活用できない。足利銀行のように住民との繋がりの強い銀行は一行取引が多いので活用できない。公平性を考えるならば、国の機関である協議会の判断に委ねる等の効果的運用が必要である。②一時国有化銀行は、最終債務超過分を国の責任で埋めるので、精一杯貸倒引当てできるが、一般銀行等は有税引き当てのため、実態として必ずしも十分な引当をしておらず、債権放棄に関して消極的にならざるをえない。したがって、一般銀行等は再生への取り組みは消極的になる。また、一時国有化銀行と一般銀行等とのコスト競争においてハンディキャップが生ずる。

(4) 国の指導指針「私的整理ガイドライン」の見直し

債権放棄の際、私的整理ガイドラインにより経営者責任を厳格にしているが、大企業、中堅企業ではあてはまるが、零細企業、特に家族経営では、他に経営者になる人がいない等、実態に合わない。したがって、中小零細企業規模の基準を新たに設定しないと、再生の現実に合わない。

(5) 地域ファンドの組成の強化

栃木県の場合、足利銀行が一時国有化したから中小企業の弱点が表面化したが、栃木県以外の中小企業は脆弱な中小企業が水面下に再生予備軍として多くあるのが実態である。このためにも地域ファンドを積極的に組成して、中小企業の経営構造の改革を行う必要がある。また、資本的手段としての地域ファンドがなければ、整理回収機構及び協議会も効果的活動ができない。再生計画づくりや制度融資だけでは、延命効果こそあれ、中小企業の抜本的経営改革にならない。

(6) 企業再生に必要な経営サポート機能

　再生投資は、その資金が機能しなければならない。機能するには、経営を具体的にハンズオンする人材組織が必要である。栃木県の場合、旅館・ホテルはファンド運営会社の子会社が専門的に事務的、経営的にきめ細かく人的にサポートしている。そのため、機能している。このような人的、専門的サポートシステムを併用している例は全国にない。また、ファンド運営会社から非常勤役員等を投入して、濃密な経営サポートシステムを整備している。このような人的サポートがあって、初めてエクイティやデット等の資金的支援が生きてくる。

第 10 章　足利銀行の経営破綻が地域経済にもたらしたもの

第 1 節　足利銀行経営破綻の要因と制度的問題点

1．足利銀行経営破綻の要因

　足利銀行経営破綻の要因をまとめてみると大きく 2 つにまとめられる。一つ目は外的要因である。外的要因は国の経済政策の失敗と、国の政治的判断による経営破綻である。二つ目は、内的要因である足利銀行自体の経営方針転換の遅れである。

　第 1 の外的要因は、その背景に、米国の世界的戦略としての貿易収支と財政収支の赤字対策があった。それは、日本に対する円高シフトによる輸出ブレーキ策であり、これを受けた日本政府の内需拡大策であった。具体的には 1986 年の座長、元日銀総裁の前川春雄がまとめた「国際協調のための経済構造調整研究会報告（通称：前川リポート）」が事実上の国際公約になった。一方、この報告が、日本の米国への輸出による貿易黒字減らしと、国内的には黒字の国内ばら撒き政策となっていった。そして、このことが、バブル経済の原因となっていった。

　その典型が、1986 年に制定された「民間事業者の能力の活用による特定施設の整備の促進に関する臨時措置法（民活法）」と 1987 年制定の「総合保養地域整備法（リゾート法）」による、全国津々浦々にいたる国土開発を熱狂的にブーム化させていったことだった。この結果、土地を中心とした値上がりを起こして、それを担保にした開発のための融資が膨れ上がっていった。そして、これらの異常を認識した大蔵省は、1990 年 3 月に銀行の不動産部門融資への総量規制の通達を出して抑制した。その後も、住宅金融専門会社（住専）経由

は除外したため、住専を中心とした不動産融資は拡大していった。これらの土地が国の土地関連融資の総量規制を契機に値下がりしていき、バブル経済の崩壊へと繋がっていった。そして、この結果は、貸出担保の価値の下落を引き起こして、不良債権発生の大きな原因を作っていった。

　第2の外的要因は金融庁や監査法人の経理処理の急変更によって、財政の悪化を形づくり、経営的破綻でなく、預金保険法を用いた政治的判断により破綻に導いたことである。既に前述のとおり、従来認められた経理処理ならば、若干だが資産超過だった。

　二つ目の内的要因は、①足利銀行自体の経営の方針転換の遅れである。足利銀行は、前述のとおり県内金融の圧倒的シェアを持ち、県内経済、行政に絶大なる影響力を持っていた。一方、県及び市町村自治体は開発や金融経済行政についても足利銀行に頼らざるを得なかった。足利銀行は、大きな金融シェアをバックに影響力が大きいことの反面、公共的責任が常についていた。株式会社経営の基本である株主や経済合理性追求優先の考えよりは、県民のためという公共的責任を優先する意識が行内全部に広がっていた。

　更に、②県内企業の多くの零細企業から上場の大企業まで融資関係で係り、金融機関の宿命である地域経済に影響力のある有力企業からの融資の勇気あるブレーキができなかった。「Too big to fail」であった。また、長い取引から一刀両断に切れないという相互もたれあい関係、これらが、ずるずる引きずり不良債権に繋がっていった。③バブル経済崩壊後も貸出の抑制と経営の舵の切り替えが遅れたこと。これに加えて、④規模、シェアが大きいだけに足利銀行不倒神話が県民、行員全部に蔓延して、王者の奢りと油断が重なり、これらが、不良債権を抱える大きな原因になった。

2. 制度的問題点

　制度的問題点は大きく2つある。第1は、預金保険法第102条1項3号は一般企業の市場の自由競争の公平性を阻害することになることである。経営の自由競争の中で、努力して、優位性を勝ちえている企業に対して、国有銀行としての優位性（貸倒引当金等目いっぱい計上できる等して、経営計画期間終了時には国の資金で自己資金不足部分を埋める等）を背景に大幅な債権カットを活用して再生支援される企業とでは、後者が有利子負債の急減により、著しく経営競争の優位性に立つことが出来、前者に不公平感を与える。そのうえ、銀行の再生には即効性があるが、不良債権先の企業への影響が大きい。特に、中小零細企業への激震的影響緩和策の一体的総合的支援対応施策「金融施策（金融庁）と企業支援育成施策（中小企業庁）の整合性」とが整っていない。

　第2は、金融機関同士の経営競争の不公平感である。預金保険法102条1項3号適用金融機関は、破綻処理後再生された新生足利銀行を引き受けることになり、当該金融機関は公的資金で不良債権が整理されるので、金利コスト競争できわめて有利になる。一方、1号適用金融機関及びそれ以外の地域の金融機関は、不良債権を引きずっており、かつ、自己努力により生み出した利益で不良債権を処理していかざるを得ず、コスト面競争面で不利になる。

　第3は、経営破綻銀行の経営責任の追及である。一時国有化銀行の役員は、預金保険法により、徹底的に責任追及されるが、それを指導した指導監督官庁の担当は責任追及されない。微に入り細にわたって指導をした方（官）と指導を受けた方（民）の責任に不公平感が残る。ともあれ、これらの社会的、経済的混乱や損失、不公平感を考えると、同法1項1号適用が公平性のある実態にあったもののように考える。3号は急激で銀行の再生には即効性はあるが、地域社会全体を考えると、シェアの大きい地方金融機関への適用にあたっ

ては、多くの地域企業、行政、政治まで巻き込む等副作用が多く、特に慎重を期すべきである。立法論としての課題と考える。

第2節　足利銀行の経営破綻の教訓

1. 地域経済に残したもの

　足利銀行破綻によって、失ったものと得たものがある。失ったものの第1は、足利銀行ファンとしての多くの県民や零細企業、上場企業が保有していた株式の毀損である。第2は、行員の自信と誇り、そして、耐え切れず、銀行を去った優秀な行員たちである。

　得たものもある。例えば、構内全体にはびこった油断と不倒神話に阻まれて経営改革に鈍感になっていた惰弱が払拭され、融資先企業と銀行の安易な相互依存関係を断ち切り、企業経営の自律的改革を促したことである。また、県内に本店を置く地元金融機関を中心に地域ファンドを組成して、経験したことのない中小・中堅企業の再生に取り組み、革命的とも言える、経営体質改善へのショックとそのビジネスモデルを構築したことである。また、このことが地域経済混乱の回避の具体的対策としての効果に繋がったことである。

2. 発展するのは改革に目覚めた企業

　今までの中小・中堅企業は、今までどおりの経営をやっていれば何とかなると思っていた。しかし、足利銀行の経営破綻による銀行の一時国有化という、いわば「目覚まし時計」で否応なしに経営改善を現実的に目覚めさせられた。経営改革を怠り水面下で安眠をむさぼっていた中小・中堅企業に、革命的とも言える経営の変革が迫られた。これは、従来、行ってきた家業的、慣習的経

営から経済合理性に基づいた科学的、近代的経営への転換であった。これらを総合的に考えると、足利銀行の経営破綻は、結果的には県内経済の一つの近代化への刺激剤になったと言える。そして経営とは、「経済的戦争の中で、自ら考え、行動していくもの」という市場主義経済の原理を県民が教えられた機会であると言える。

3. 計画策定後のモニタリング及び科学的・近代的経営管理手法の学習

　中小零細企業の多くは、家業的前近代的経営手法を引き継いでいるのが一般的である。そこに、今回の地域ファンドを中心とした企業再生支援を通じて、科学的・近代的経営手法が植えつけられた。具体的には企業経営には、長・中・短期の数値化された目標、計画があることが最も重要である。数値化されることにより、何処に、どのような問題があるか浮き彫りになるからである。しかも、役職員がそれを共有することである。例えば、企業の事業プランを実現し、業績を改善して収益力を高めるには、当初の計画どおりに商品が生産され、売り上げ目標数字を確保できているかどうか、週次、月次、四半期ごとに業務計画の進捗状況をチェックし、課題と解決策をスピードを持って整理実行することができるからである。

　そこには、経営者意識、企業体質、事業構造面の改革を伴った、緻密なモニタリングが重要になってくる。これらが有効に機能しあって企業全体の経営再生に繋がっていく手法が科学的・近代的経営管理手法であるとの手法を学習する機会になった。具体的にそのキーポイントを整理すると次のとおりである。①将来を見据えた経営戦略⇒中長期的事業の柱をどうするか。②会計事務所任せの経営から自己責任の経営へ＝自ら経営実態を把握して経営に当たる。③生産（仕入れ）から売上げまでの作業行程、施設等稼動率をできるだ

け数値化する⇒何処が、何が問題か⇒無理・無駄が明確になり、改善のポイントが絞れる。④経営計画とそれから、より具体的実現に移す行動計画の作成⇒誰が、何時までに、どういう方法で実現するかが明確になる。⑤計画目標に基づく課題の抽出⇒解決⇒前進⇒検証のサイクルを実現していくことができる。⑥従業員が自ら考え、提案し、前進する内発的エネルギーが生まれた。

以上のように、結局、「科学的経営管理」＋「役職員の自社発展への高いベクトル」＝企業価値の高度化（企業再生）に繋がる知識、手法を体験的に体得したことである。

4. 企業再生に重要な現実的対応

事業計画がいくら良くできていても、それを実現するのは「人」である。計画の進捗検討は寸分の譲歩も許されない。厳しい検討が週ベースで行われ、しかも、スピードをもって進められることが必要である。問題点の提起をする経営者とそれを受け止める従業員、即ち、「投げ手」と「受け手」がかみ合っていないとうまくいかない。また、経営課題と解決策の基礎になる数値化されたデータが迅速に出てくる体制が整備されてないと機能しない。このため、指揮を執る経営トップは、将来を見つめた現状分析と適時適切な指示、それに基づく役職員の行動、そして経営トップは、単に「知・理」に長けた経営でなく、「情」も理解できる許容力を持たなければならない。これによって、企業再生に向けた企業発展への「熱い情熱とベクトル」ができる。

5. 新生足利銀行に求められる課題

足利銀行は経営再生が完了し、金融庁は2008年3月14日、一時国有化中の足利銀行を野村ホールディングス㈱傘下の投資会社を中心とする「野村グ

ループ」に譲渡すると発表した。野村側は総額 3,000 億円を投じて経営基盤を強化するとした。野村グループの中核企業は投資会社の野村フィナンシャル・パートナーズ㈱とネクスト・キャピタル・パートナーズ㈱である。譲渡条件は、株式譲渡額 1,200 億円（野村グループ）であり国からの金銭譲与、即ち、譲渡時の債務超過額 2,500 億円から 1,200 億円を差し引いた 1,300 億円が実質公的負担額になる。2008 年 6 月 30 日の最終的譲渡時には、日本銀行を通じて、2,603 億円の債務超過額を足利銀行の全株式を保有する預金保険機構が足利銀行に贈与した。これによって債務超過は解消した。預金保険機構は 7 月 1 日、受け皿となる野村グループが設立した㈱足利ホールディングスに同行株式 1,200 億円を譲渡する。同時に、資本増強分として 1,600 億円を注入し、自己資本率は 6.4％程度になる。7 月 1 日、4 年 7 ヶ月に及んだ一時国有化は終了して、民間銀行として再スタートした。

(1) 新生足利銀行の基本的性格付けと県内企業への影響

これからの新生足利銀行の課題は、グローバルな経営方針を基盤とする都市銀行の経営方針でいくのか、地方銀行の地域重視の方針でいくのかで地域企業、地域経済に対する対応が違うことだ。都市銀行は経営合理性で割り切りきって動くが、地方銀行は、地元から逃げられない宿命を持っている。都市銀行のグローバルスタンダード中心の経営方針をとれば「銀行のための銀行経営」を優先して、経営の脆弱な地元中小零細企業は容赦なく相手にされなくなるおそれがある。足利銀行は間違いなく他行にない突出した金融シェアを持つ地方銀行なので、たとえ、国際的企業である野村グループが資本になっても地域、特に、中小企業に目を向けた経営が必要である。突出した金融シェアを持っていることは反面、比類の地域密着性を持った、公共性の重い責務を負わせられていることでもある。

(2) 強者の論理でなく地域の他の金融機関との協調が必要

　新生足利銀行は、税金で体を丸ごときれいにする＝健康な経営体（身体）と、世界に通ずる経営ノウハウ（頭脳）と、地域密着型のノウハウを合わせ持った経営陣（銀行）に売却することになる。それまで、一時国有化により今まで広く根を張り強い絆で結ばれている顧客を繋ぎとめておいた。更に、足利銀行は、数年前まで新規就職者の県内ナンバーワンの人気企業であったことから有能な人材が豊富に蓄積されている。その上、地元企業情報と経営支援ノウハウは豊富に蓄積されている。これらの条件をもった新生足利銀行が本格的活動をすると極めて競争力のある銀行になる。したがって、他の地元金融機関は従来に増して、より一層の競争力への対応を強いられることになる。しかし、有利になった新生足利銀行は経営競争力を発揮して、自己経営力を強化するだけでなく他の地域金融機関の存在、機能を尊重して協調して、地域経済に寄与すべきである。

第 11 章　結び

　足利銀行は、県内経済の発展とともに歩んできた。戦前の足利地域を中心とした県南地域の繊維産業主体の軽工業の進展とともに生成発展してきた。戦後、軽工業から県の工業団地造成等による重化学工業への産業構造の変化により、足利市から行政、経済の中心地の宇都宮市に本店を移して経済の高度成長の真っただ中で、まさに県経済のリーダーとしてのその重責を担う位置に上り詰めた。金融シェア約半数、自治体指定金融機関も全自治体に及んだ。行政と足利銀行は車の両輪体制になっていった。いわば、県内の地域経済をまとめてみる態勢になっていた。

　そのような状況下で米国の貿易赤字を理由に日本の独り勝ちの貿易黒字是正と国際協調の観点から内需拡大を要請され、リゾート法等により国内開発ブームが巻き起こされた。その結果、土地の急騰が全国津々浦々に広がりバブル経済が形成されていった。金融機関は土地の価値は下落しないという神話を信じ、土地担保による融資拡大を図っていった。ところが、1900年の国の土地関連融資の抑制方針により、一気に土地価格が下落、担保価値が下がり不良債権となっていった。足利銀行はこの国の政策の失敗をまともに受け、そのうえ、他金融機関に比し、まれに見る県内シェアが仇となり不良債権の大きな重荷になっていった。

　そして、2003年預金保険法により一時国有化になった。しかし、再生が確実に実行され県内融資関連企業も順調に再生され、結果的には県内経済の混乱回避はできた。また、今回の足利銀行一時国有化は、県内中小企業には経営改革に対する「目覚まし時計」的効果をもたらし、株主に対しても投資家としての自覚の学習の機会を与えた。

　さらに、預金保険法102条1項3号適用は全国初めてなので、様々な面で、栃木ビジネスモデルが出来た。

第 II 部

企業再生に係る私的手続と
税務及び金融機関関係

斎 藤 秀 樹

第1章　栃木県における私的整理に基づく中小企業再生支援策

第1節　本章の概要

　企業再生は企業体そのものの価値を維持する観点から、法的整理手続（民事再生手続、会社更生手続）よりも先に私的整理手続の適用可能性の検討が行われるのが一般的である。この私的整理に関する手続の準則として「私的整理ガイドライン」が存在し、この考え方は㈱産業再生機構や中小企業再生支援協議会の手続準則のベースになっている。

　本章ではまず、企業再生、特に財務構造の再構築を行うにあたっての基本的な考え方を示した「私的整理ガイドライン」について説明する。

　次に栃木県における企業再生ファンドである、㈲とちぎフレンドリーキャピタル・㈲とちぎフィナンシャルキャピタルとともに栃木県案件の再生支援を行った、「㈱産業再生機構」（以下「IRCJ」とする）の栃木県内での活動とIRCJの設立の背景と活動の終了、そして栃木県中小企業再生支援協議会の活動内容とについて、説明していく。

　最後に、足利銀行破綻の余波を受けた中小企業企業再生に対する制度支援がどの程度活用されたのかを明らかにする。

第2節　私的整理に関するガイドラインについて —主として会計制度的視点から—

1. 私的整理に関するガイドラインの必要性について

　「私的整理」とは、民事再生や会社更生等の法的整理手続を利用しない、私的な合意形成により行われる債務整理手続であり、一般的には法的整理より

も早期の段階に限られた債務者企業関係者において行われる、企業再生のための財務構造再構築手法と言える。

　法的整理手続があるにも係らず私的整理手続が実務において必要とされるのは、後述するように、私的整理の方が法的整理と比較して企業価値の毀損の程度が小さいと考えられるからである。しかし、実務上の必要性があっても一般に公正妥当と認知された手続の準則が存在しない状態では、金融支援を依頼する債権者を協議のテーブルに着いてもらうことすら、多大な労力が必要な状態となっていた。

　このような流れがあった中、「私的整理に関するガイドライン」（以下「ガイドライン」とする）が生まれた背景として、2001年に公表された「緊急経済対策」や「今後の経済財政運営及び経済社会の構造改革に関する基本方針」に盛り込まれた対策が着実に行われるには、企業の私的整理に関する基本的考え方を整理しておく必要があった。そしてガイドラインの検討が行われていた2001年頃、金融機関にとっては不良債権処理を行っていく「金融の再生」が経営上の大きな課題である一方、産業界においても経営資源を生産性の低い分野から成長性の高い分野へ移動させることによって、経済の構造改革を図ろうとする「産業の再生」の二面的対策が必要であった。

　こうした中、金融機関の不良債権問題と企業の過剰債務問題の一体的解決を図るための重要な対策の一つとして、企業の私的整理に関する基本的な考え方を整理し、私的整理を行うに至った場合の具体的な関係者間の調整手続、対象となる企業の選定基準、再建計画の要件等を予め定めておくことが必要とされた。その結果、2001年9月19日に開催された「私的整理に関するガイドライン研究会」において公表されたのが「私的整理に関するガイドライン」及び同「Q&A」である。

第Ⅱ部　企業再生に係る私的手続と税務及び金融機関関係

2. 私的整理ガイドラインのメリット

　ガイドラインに従った私的整理と法的整理を比較した場合、以下の点がメリットと考えられる。

　　① 手続の簡易性・迅速性

　　② 手続の柔軟性・多様性

　　③ 守秘性

　　④ 一般債権者保護

　　⑤ 経営力の抜本的改革

　上記メリットのうち、特に④については、企業価値の維持に資する面が大きい。即ち、法的整理の場合には、債権者平等の原則のもと、全債権者に対して原則同様の金融支援を求めていくことになる。これにより、原材料・商品等の供給者が感情面・債権管理の面から債務者企業への供給を停止もしくは減らしたり、これを受けて債務者企業の事業規模が縮小し、顧客離れが発生したり、更には「法的整理に入った会社」というレッテルによる企業イメージの悪化等が発生し、企業価値が毀損していくことになる。一方、私的整理の場合には、主に金融債権者等に対して債権放棄等の金融支援を求めていくことになり、一般債権者即ち商取引の相手方に対しては、金融支援を求めない形で進めることができる。このため、私的整理が行われる事業は、商取引が維持され企業価値の毀損度合いが法的整理よりも少なくて済むことになる。

　上記メリットのうち③については、法的手続の場合には官報等への記載が行われること、及び商取引上の一般債権者へ金融支援を要請していくことになるため、整理対象企業に対する商取引関係者からの信用不安が発生することになりかねない。一方で、私的整理の場合には、上場会社を除いては整理手続に入っていることを一部関係者以外が知る機会は少ないため、商取引関係者か

らの信用不安が発生するリスクは、法的整理と比べて低いと言える。

　さらに⑤については、経営資源（企業のヒト・モノ・カネ・情報）を有効に活用する手法・風土作り等の総体を「経営力」と考えた場合、この「経営力」が最も蓄積されているのは経営陣である。ここで、私的整理ガイドラインに照らした処理を行う場合、企業の破綻に関係した経営陣は経営責任を問われることになり、更に、このような経営陣を任命していた株主は株主責任を問われることになり、代わって企業再生を支持する株主とその株主から実力を評価された経営陣が経営を担うことになる。これら一連の流れを「経営力」という観点で見た場合、企業を破綻状態にした経営陣が持つ「経営力」が、新たに企業再生を担う経営陣の持つ「経営力」に入れ替わることになり、「経営力」の抜本的改革が行われるのである。

　このように大きな効果を持つガイドラインではあるが、ガイドラインはあくまでも私的整理の準則であって、法的整理手続のような債権者に対する法的拘束力は有しない。従って、私的整理を行う中で私的整理手続に同意しない債権者が存在する場合には、まずは私的整理の枠組みの中で運用上の工夫を行っていき、それでも対応しきれない場合には法的整理に移行せざるを得ないと考える。

3．私的整理ガイドラインに基づいた私的整理手続の要件

　ガイドラインに沿って私的整理を行う場合、以下の内容を含む再建計画案を作成し、一定の期限までに対象債権者（再建計画が成立した際に、それにより権利関係の変更が予定されている債権者）全員の同意を書面で取得しなければならない。

> [1] 事業計画案
>   事業計画は債務者の自助努力が十分に反映されたものであるとともに、以下の事項を含む内容を記載することを原則とする。
>   ① 経営が困難になった原因。
>   ② 事業再構築計画の具体的内容（経営困難に陥った原因の除去を含む）。
>   ③ 新資本の投入による支援や債務の株式化（デットエクイティスワップ）などを含む自己資本の増強策。
>   ④ 資産・負債・損益の今後の見通し（10年間程度）。
>   ⑤ 資金調達計画。
>   ⑥ 債務弁済計画等。
> [2] 実質的に債務超過であるときは、再建計画成立後に最初に到来する事業年度開始の日から3年以内を目処に実質的な債務超過を解消することを内容とする。
> [3] 経常利益が赤字であるときは、再建計画成立後に最初に到来する事業年度開始の日から3年以内を目処に黒字に転換することを内容とする。
> [4] 対象債権者の債権放棄を受けるときは、支配株主の権利を消滅させることはもとより、減増資により既存株主の割合的地位を減少又は消滅させることを原則とする。
> [5] 対象債権者の債権放棄を受けるときは、債権放棄を受ける企業の経営者は退任することを原則とする。
> [6] 再建計画案における権利関係の調整は、債権者間で平等であることを旨とし、債権者間の負担割合については、衡平性の観点から、個別に検討する。
> [7] 破産的清算や会社更生法や民事再生法などの再建手続によるよりも多い回収を得られる見込みが確実であるなど、対象債権者にとって経済的な合理性が期待できることを内容とする。

「私的整理に関するガイドライン」より引用

このうち、[2][3]は、ガイドラインによる私的整理の対象となる債務者企業が、債務者企業自身の債権のために行う自助努力の程度と、これを前提にして債権者に求める債務の猶予・減免の程度を、計数でもって明確化したものである。

次の[4][5]は、ガイドラインにおける私的整理において、債権者に債務の猶予・減免等の協力を求める前提として、債務者企業自身がその経営者責任を明確にして、株主（特に支配株主が存在する場合にはその支配株主）が最大限の責任を果たすことを予定している。具体的には、①経営者の退任、②株主責任の明確化（株主としての権利の放棄等）、③保証人の私財提供、が求められることになる。

上記[7]については、そもそもこのガイドラインが想定している企業の再生は、

会社更生法や民事再生法の手続によることが本来であるが、これらの手続によったのでは企業価値が著しく毀損されて再建に支障が生じる恐れがあり、私的整理によった方が債権者と債務者双方にとって経済合理性がある場合を想定しており、このことを計数的に確認する基準である。

4. 私的整理ガイドラインの限界

　ガイドラインに沿って私的整理を行おうとする場合、①経営者の退任が求められることは前述したが、この点はガイドラインの限界とされ、「ガイドラインは大企業はあてはまるが、中小企業には様々な面でそのまま適用することには問題点がある。」と評価されている点である。この様な企業運営に必須の能力を有する経営者をガイドラインに沿って役員から退任させる一方で従業員として残し、その一方で社内には経営者候補人材がいないという理由で外部から経営者を招聘する場合、人件費負担に耐えられない中小企業もありえる話である。

第3節　産業再生機構について

1. 設立の経緯と存続期間

　㈱産業再生機構（IRCJ）は、2003年4月16日に設立され、同年5月8日より業務が開始されている。

　この時期にIRCJが設立したのは、当時、不良債権問題が長引く中、債務者企業側の企業再生に対する対応策の必要性が求められており、2002年10月30日の政府が発表した「改革加速のための総合対策」が発表され、この中には、金融と産業の一体再生を強力に推進するとの目的の下、金融再生プログラム、産業活力再生特別措置法の抜本改正、IRCJの創設が含まれていた。

企業・産業再生に関する基本指針

2002年12月19日
産業再生・雇用対策戦略本部決定

I. 基本的考え方
 (1) 過剰債務問題に対応するための基本的考え方
　　政府として現下の重要課題である不良債権問題の解決を図るため、民間金融機関に対し不良債権処理の加速化を促す一方で、いたずらに産業セクターの経営資源を散逸させないよう、政策的な支援措置の拡充と環境整備を通じ企業・産業再生の円滑化、加速化を図る。
〜(略)〜
　　また、企業が過剰債務に陥る要因は様々であるが、こうした企業であってもコアとなる事業に関しては十分な競争力がある場合が多く、これを過剰債務の原因となっている不採算部門から切り離すことにより、十分事業の再生を図ることが可能であり、また、こうした取組が雇用や取引先への影響を極力最小限にすることにも資することになる。こうした事業再生への取組は、その着手のタイミングが早ければ早いほど、小さなコストで実行ができる場合が多い。重要なことは、企業ではなく事業、そして過去の実績である企業規模や保有する不動産の価値ではなく将来における事業の収益性に着目することである。過剰債務に陥らないように早め早めに企業が講じるべき対応を整理するとともに、既に過剰債務を抱えている企業にあっては迅速な対応が図られるよう、早期着手に関連した情報開示の充実、事業再建法制の戦略的活用、事業収益に着目した新たな融資慣行等の定着、事業再生を担う専門的人材の育成強化など、官民で取り組むべき事項について提示する。
〜(略)〜

II. 過剰債務問題への対応
 (1) 株式会社産業再生機構(仮称)の創設
　① 産業再生機構の位置付け・役割
　　事業再構築、事業再編等を通じた企業再生に取り組むための新たな機構を預金保険機構の出資を得て創設する。
　　機構は、債権者間の利害調整が困難である等の事由で民間だけでは解決が困難な再生可能性のある案件に関し、債権の集約化を促し、中立的な調整者として企業の再生を加速するための機関として位置付ける。ただし、企業再生は、本来は民間の力により自律的に行われていくことが望ましいとの考えの下、機構の活動に当たっては、貸出債権マーケットの整備・拡充、その証券化商品の普及、企業再生マーケットの育成なども視野において、民間の叡智・活力を最大限活用するものとする。
〜(略)〜
　② 産業再生機構の運営の基本的考え方
　　機構は、本「基本指針」に従い、金融機関において「要管理先」等に分類されている企業のうち、メインバンク・企業間で再建計画が合意されつつある等により当該機構が再生可能と判断する企業の債権を、企業の再生を念頭においた適正な時価で、原則として非メインの金融機関(政府系金融機関を含む。)から買い取る。機構とメインバンクで企業の債権の相当部分を保有し、強力に企業のリストラ・経営再建を推進する。企業再生策の作成に当っては、メインバンクの情報、ノウハウ、資金(つなぎ資金、ニューマネー)、人材とともに、民間の再生ビジネス関係者の力も最大限活用する。また、再生に際しては、必要に応じ私的整理ガイドラインや民事再生法・会社更生法をも利用する。
〜(略)〜

「企業・産業再生に関する基本方針」より引用(下線は筆者が付加)

また、2002年12月19日に「企業・産業再生に関する基本指針」が発表され、以下のように民間を補完するという位置付けで企業・産業再生のための政策的な支援措置の拡充が唱えられた。

以上の流れの中で、翌年の2003年1月28日に国会へ「株式会社産業再生機構法案」が提出され、同年4月16日にIRCJが設立されたのである。

ただし、IRCJ は、設立検討段階からその強力な機能（公的性質・金融調整機能・財務支援機能）があることから、国民負担増大の防止、他の民間事業再生機関・金融機関に対する民業圧迫・支援先企業が属する産業の過剰供給の助長を念頭に置き、IRCJ の存続期間を原則5年とし、業務を進めていった。

その結果として、2007年3月15日にIRCJより次の「株式会社産業再生機構の解散について」が発表され、全41案件の支援業務が完了し、当初想定期間のおよそ1年前倒しで解散を迎え、国民への追加負担が発生しない旨の発表がなされた。

企業・産業再生に関する基本指針

2002年12月19日
産業再生・雇用対策戦略本部決定

I. 基本的考え方
（1）過剰債務問題に対応するための基本的考え方
〜（略）〜
　その際、過剰債務に陥った企業の事業再生は、当該企業の自助努力と民間金融機関、再生ファンド等の民間セクターにより市場メカニズムを通じて行われることが本来の姿であることにかんがみ、民間セクターの活動を補完することを原則としてその活動を阻害することのないよう配慮するとともに、むしろ民間の叡智と活力を最大限に活用し、再生市場の育成など民間セクターの活性化を図る。また、政策的な支援が、企業の安易な延命や過剰供給構造の助長につながらないよう配慮し、市場メカニズムの活性化に資するよう努めるものとする。
〜（略）〜

II. 過剰債務問題への対応
（1）株式会社産業再生機構（仮称）の創設
　② 産業再生機構の運営の基本的考え方
〜（略）〜
　　機構は、その存続期間を原則5年とし、その解散時点における最終的な国民負担については最小限となるように努めるものとする。

「企業・産業再生に関する基本方針」より引用（下線は筆者が付加）

第Ⅱ部　企業再生に係る私的手続と税務及び金融機関関係

> 株式会社産業再生機構の解散について
>
> 平成19年3月15日
> 株式会社産業再生機構
>
> 　株式会社産業再生機構（以下「機構」という。）は、本日、株式会社産業再生機構法（以下「機構法」という。）第19条第1項に規定する業務の完了により、機構法第43条に基づき、清算会社へ移行しました。
>
> 1．経緯
> 　　機構は、機構法に基づき、平成15年4月16日に設立され、同年5月8日から業務を開始しました。以後、機構は41件の企業グループ（対象事業者）を支援決定し、事業の再生支援を行ってまいりましたが、平成19年3月2日、最終案件の最終処分決定を行い、その後、株式譲渡を実行し、機構法第19条第1項所定の業務が全て終了したため、本日、機構法第43条に基づき、業務の完了により解散しました。
> 　　　　　　　　　　　　　〜（略）〜
> 3．国民負担の回避
> 　　現時点では、機構が債務を完済するために政府の補助（機構法第46条）を受け国民負担が発生するような事情は認識しておりません。
> 　　　　　　　　　　　　　〜（略）〜
> 4．おわりに
> 　　機構は初めての株式会社形態の認可法人であり、かつ、5年間の時限組織として業務を開始しました。概ね1年前倒しで解散を迎えることができたこと、全ての案件で支援完了できたこと、そして残余財産の株主への分配及び国庫納付も実現できる見込みであることは、ひとえに関係者ならびに国民の皆様のご理解とご支援によるものであり、深く感謝の意を表します。

2．私的整理の枠組みでの金融支援

　IRCJの組織として目的は下記のとおり、「株式会社産業再生機構法」（2003年4月9日公布）に明記されている。

> （機構の目的）
> 第一条　株式会社産業再生機構は、最近における経済の停滞、物価、地価及び株価の下落等の経済情勢の変化に我が国の産業及び金融システムが十分対応できたものとなっていない状況にかんがみ、雇用の安定等に配慮しつつ、我が国の産業の再生を図るとともに、金融機関等の不良債権の処理の促進による信用秩序の維持を図るため、有用な経営資源を有しながら過大な債務を負っている事業者に対し、過剰供給構造その他の当該事業者の属する事業分野の実態を考慮しつつ、当該事業者に対して金融機関等が有する債権の買取り等を通じてその事業の再生を支援することを目的とする株式会社とする。

（下線は筆者が付加）

ここで重要なのは、全ての債権者の債権に対して免除や支払猶予を要請する金融支援が行われる法的整理ではなく、「金融機関等が有する債権」の買取り等を通じて金融支援を行う私的整理の枠組みを重視していることである。これはIRCJの手続の準則は、法的整理よりも早期に、柔軟に、財務構造の再構築を図り、これにより企業価値の毀損をできる限り最小限に食い止めようとすることを意図しており、このため、私的整理に関する社会一般のコンセンサスを得た「私的整理ガイドライン」を参考にしたのである。

3．IRCJの支援先と中小企業再生

　IRCJがその存続期間中に支援を行った企業数は次の表のとおり41社となっている。

　栃木県は11件と最多で、次いで東京都が8件、その他は1から3件と極めて少ない。従ってこの件数を見る限り、本県における「『金融の再生』と『産業の再生』の二面的対策」については重要なきっかけとなった。ただし、大部分の地方経済実態を担う中小企業への再生への効果は、IRCJのそのものの時限性もあり、限定的だったと言えよう。

第Ⅱ部　企業再生に係る私的手続と税務及び金融機関関係

支援決定先企業名	都道府県	支援決定日	主な事業	売上高	
ダイア建設（株）	東京都	2003.8.28	不動産事業	2003/3期	766億円
（株）うすい百貨店等	福島県	2003.8.28	百貨店事業	2003/7期	168億円
九州産業交通（株）等	熊本県	2003.8.28	路線バス事業	2003/3期	463億円
三井鉱山（株）等	福岡県	2003.9.1	エネルギー関連事業、セメント・建材関連事業等	2003/3期	2,131億円
（株）マツヤデンキ	大阪府	2003.9.26	電化製品販売事業	2003/3期	1,020億円
（株）明成商会等	大阪府	2003.9.26	化学品事業・電子材料事業	2003/3期	581億円
（株）津松菱	三重県	2003.10.24	百貨店事業	2003/2期	90億円
八神商事（株）	愛知県	2003.10.31	医療衛生用品等卸売業	2003/6期	117億円
富士油業（株）	北海道	2003.12.19	石油等販売事業	2003/3期	248億円
吉本土地建物（株）等	大阪府	2004.1.28	宿泊・テナント事業	2003/4期	13億円
（株）金門製作所等	東京都	2004.1.28	ガス・水道計測器等製造販売	2003/3期	515億円
（株）フレック	千葉県	2004.4.27	スーパーマーケット事業	2004/3期	266億円
（株）大川荘	福島県	2004.5.17	温泉旅館事業	2003/3期	16億円
タイホー工業（株）	東京都	2004.5.20	薬品類の製造販売	2004/3期	122億円
カネボウ（株）等	東京都	2004.5.31	繊維事業からの多角化事業	2004/3期	4,377億円
（株）ホテル四季彩	栃木県	2004.6.4	温泉旅館事業	2004/11期	4億円
（株）ミヤノ	長野県	2004.6.4	工作機械・器具の製造販売	2003/12期	136億円
スカイネットアジア航空（株）	宮崎県	2004.6.25	旅客運送・貨物輸送事業	2004/3期	100億円
（株）アメックス協販等	島根県	2004.7.13	瓦の製造販売事業	2004/1期	31億円
栃木皮革（株）	栃木県	2004.7.21	製革事業	2003/6期	15億円
（株）オーシーシー	神奈川県	2004.8.6	海底ケーブル等製造・販売事業	2004/3期	94億円
（株）フェニックス	東京都	2004.8.30	スポーツウェア製造販売	2004/5期	159億円
服部玩具（株）	愛知県	2004.8.31	玩具卸売事業	2004/7期	213億円
粧連（株）	北海道	2004.9.28	化粧品・日用雑貨卸売	2004/3期	141億円
（株）大京等	東京都	2004.9.28	マンション分譲・管理事業	2004/3期	3,765億円
関東自動車（株）等	栃木県	2004.11.26	路線バス事業	2004/3期	55億円
（株）三景等	東京都	2004.11.30	衣料副資材卸売業	2004/2期	818億円
（株）あさやホテル	栃木県	2004.12.8	温泉旅館事業	2003/11期	45.2億円
（株）金精	栃木県	2004.12.8	温泉旅館事業	2004/4期	3億円

(有)田中屋	栃木県	2004.12.8	温泉旅館事業	2004/5期		2億円
玉野総合コンサルタント(株)等	愛知県	2004.12.24	不動産事業	2004/9期 (単体半期)		60億円
(株)ダイエー等	兵庫県	2004.12.28	スーパー事業等	2004/2期		19,936億円
ミサワホールディングス(株)等	東京都	2004.12.28	住宅事業・リフォーム事業	2004/3期		4,034億円
宮城交通(株)等	宮城県	2005.1.18	自動車運送事業・レジャー・サービス事業、流通業	2004/3期		259億円
(株)アビバジャパン	愛知県	2005.1.18	パソコンスクール運営事業	2003/12期		206億円
(株)オグラ	北海道	2005.1.18	菓子卸売業	2004/3期		220億円
(有)鬼怒川温泉山水閣	栃木県	2005.1.18	温泉旅館事業	2004/5期		15億円
鬼怒川グランドホテル(株)	栃木県	2005.1.18	温泉旅館事業	2004/5期		12億円
(株)奥日光小西ホテル	栃木県	2005.2.3	温泉旅館事業	2004/9期		4億円
金谷ホテル観光(株)	東京都 栃木県内に施設有	2005.2.3	温泉旅館事業	2003/12期		29億円
(有)釜屋旅館	栃木県	2005.2.3	温泉旅館事業	2004/3期		4億円
計41件、うち栃木県に関係する案件数は11件						

「預金保険機構管理情報　株式会社産業再生機構　支援企業に関する発表資料」
(http://www.dic.go.jp/IRCJ/ja/index.html) より作成

　上記再生案件は、規模が大小様々な状態となっているが、これはIRCJにて支援対象企業の選定において、中小企業に対する不利な取扱いを避けるべく、「株式会社産業再生機構法」にて、以下の留意事項が定められているためである。

第三節　業務の実施
(支援決定)
第二十二条　過大な債務を負っている事業者であって、その債権者である一以上の金融機関等と協力してその事業の再生を図ろうとする者は、当該金融機関等と連名で、機構に対し、再生支援を申し込むことができる。
〜(略)〜
5　機構は、第一項の申込みをした事業者が中小規模の事業者である場合において再生支援をするかどうかを決定するに当たっては、当該事業者の企業規模を理由として不利益な取扱いをしてはならない。

(下線は筆者が付加)

当時のわが国においては、私的整理を中心とした枠組みでの企業再生について事例の蓄積が多い訳ではない一方、企業再生は企業規模に関係なく必要となる手続等（関係者の合意手続や法的手続等）もあり、民間の企業再生機関だけで中小企業の再生を行うのは民間組織としての費用対効果の面で難しい面があった。

これに対してIRCJによる中小企業再生支援は、「国民の追加負担が発生しない」という前提の下、当時の民間の企業再生機関では着手しにくい中小規模の企業再生案件にも着手し、その結果、中小企業の企業再生を行うためのモデルケースとなり、これが他案件へノウハウとして波及する役割を果たした。その時のIRCJによる中小企業再生支援の経験は、"民間のノウハウとなり難いIRCJのような公的時限組織特有のノウハウ"と、"IRCJ案件に関係した者の中に蓄積され、その後の他の公的な中小企業の再生機関や民間の企業再生機関に形を変えながら引き継がれていった中小企業再生実務ノウハウ"とに分けられ、特に後者の価値はその後の地方中小企業再生実務にモデルケースとして大きく寄与した、と考える。

栃木県においてはIRCJの関与した案件数は11件となっているが、足利銀行の破綻により財務的な支えを失った県内の各地域の産業を代表する中堅・中小企業に対して、県内中小企業向けの㈲とちぎフィナンシャルキャピタル、県内中堅企業向けの㈲とちぎフレンドリーキャピタル、そしてこれら二つのファンドの運営会社である㈱とちぎインベストメントパートナーズ、さらに温泉旅館案件の企業再生実務を行っていった㈱旅館マネジメントサポートとの連携を、各案件におけるメイン金融機関の協力のもと行われていった訳であるが、各支援機関（金融機関を含む）

や支援対象企業の関係者にとっても貴重な経験になったと同時に、地方主要金融機関の破綻による県内経済の混乱回避に大きく貢献した、と考える。

第4節　中小企業再生支援協議会について

1．中小企業再生支援協議会の制度概要

　中小企業再生支援協議会（以下「協議会」とする）は、産業活力再生特別措置法第41条に基づき、中小企業再生支援業務を行う者として認定を受けた商工会議所等の認定支援機関を受託機関として、同機関内に設置されており、2003年2月から全国に順次設置され、現在は全国47都道府県に1ヶ所ずつ設置され、栃木県においては、宇都宮商工会議所が認定支援機関となっており、その中に栃木県中小企業再生支援協議会が設置されている。

　協議会では、企業再生に関する知識と経験とを有する専門家（金融機関出身者、公認会計士、税理士、弁護士、中小企業診断士等）が、統括責任者（プロジェクトマネージャー）及び統括責任者補佐（サブマネージャー）として常駐し、窮境にある中小企業者からの相談を受け付け、解決に向けた助言や支援施策・支援機関の紹介や、場合によっては弁護士の紹介等を行い（第一次対応）、事業性等一定の要件を満たす場合には再生計画の策定支援（第二次対応）を実施している。

　協議会では、公正中立な第三者としての立場から、企業の事業面、財務面の詳細な調査分析（デューデリジェンス）を実施し、かつ当該企業が窮境に至った原因の分析等を実施したうえで、債務者による再生計画

案の策定を支援するとともに、金融機関に再生計画案を提示し、金融機関調整を実施していく。

協議会の私的整理手続については、中小企業庁より 2008 年 4 月 4 日に公表されている「中小企業再生支援協議会事業実施基本要領」(以下「実施要領」とする)、及び中小企業庁より 2009 年 4 月 6 日に公表されている「中小企業再生支援協議会事業実施基本要領 Q&A」(以下「実施要領 Q&A」とする) に則り、行われている。

2. 私的整理に関するガイドラインとの関係

協議会の実施要領とガイドラインとは、事業再生を早期に着手して企業価値の毀損を最小限に食い止めるという趣旨の面で共通するものの、別の手続であり、実施要領 Q&A において以下のように記載されている。

Q5. 協議会スキームは、「私的整理に関するガイドライン」とは異なる手続なのですか。

A.「私的整理に関するガイドライン」は、企業の私的整理に関する基本的な考え方を整理し、私的整理の進め方、対象となる企業、再建計画案の内容についての関係者の共通認識を醸成するために、平成 13 年 6 月に「私的整理に関するガイドライン研究会」が発足し、取りまとめられたものであり、私的整理を公正かつ迅速に行うための準則として、金融界と産業界を代表する者が中立公平な学識経験者などとともに協議を重ねて策定されたものとされています (「私的整理に関するガイドライン」Q&A【Q2】、【Q7】)。
　本基本要領は、認定支援機関による中小企業を対象とした私的整理の準則を定めるものであるため、上記経緯により策定された私的整理の準則である「私的整理に関するガイドライン」をベースとして、中小企業の特性や地域の特性を考慮して策定したものです。
　したがって、「私的整理に関するガイドライン」と協議会スキームは別の手続ではありますが、協議会スキームを具体的に遂行するにあたっては、「私的整理に関するガイドライン」における解釈を参照すべきと考えます。以下の Q&A においても、「私的整理に関するガイドライン」Q&A を引用又は参照しています。

(下線は筆写が付加)

このように協議会の実施要領は、ガイドラインの枠組みを活用しながらも、中小企業の特性や地域の特性を考慮したものであり、中小企業の再生支援においてはガイドラインとの比較の上で弾力的に的に運用されることになる。

　具体的な相違点としては、実施要領Q&Aにおいて以下のように記載している。

Q27.『経営者責任』、『株主責任』とはどういうことですか。(本基本要領6.(5)⑤、⑥)

A. 私的整理により債権放棄を受ける場合には、モラルハザード対策を講じるべきであり、債権者・債務者間のみならず、社会的にも納得できる形で経営者責任・株主責任をとることが正義に適うと考えられます。(「私的整理に関するガイドライン」Q&A【Q40】)

Q28.『経営者責任の明確化』とは具体的にどのようなことですか。経営者の退任が求められるのですか。(本基本要領6.(5)⑤)

A. 協議会スキームにおいては、経営者の退任を必須とするものではありません。経営者責任の明確化としての経営者の退任は、窮境原因に対する経営者の関与度合い、対象債権者による金融支援の内容、対象債権者の意向、相談企業の事業継続における経営者の関与の必要性など種々の事情を考慮して、個別に対応すべきであり、経営者責任の明確化の内容としては、役員報酬の削減、経営者貸付の債権放棄、私財提供や支配株主からの脱退等により図ることもあり得ると考えます。

Q29.『株主責任の明確化』とは具体的にはどのようなことですか。(本基本要領6.(5)⑥)

A. 私的整理において債権放棄を受ける場合には、経営者だけでなく株主も相応の責任をとるべきです。その内容としては、減資や株式の無償譲渡により支配株主の権利を消滅させることはもとより、減増資により既存株主の割合的地位を減少又は消滅させる方法があります。(「私的整理に関するガイドライン」Q&A【Q40】参照)なお、一般株主については、支配株主のような経営への関与が認められないのが通例であるため、その様な場合には、支配株主とは別に取り扱うこともあり得ると考えます。
　また、『実質的な債権放棄』(Q13参照)の場合には、特別清算手続又は破産手続の中で株主責任が果たされることになります。

(下線は筆写が付加)

特に「経営者責任」に関しては、「経営責任の明確化」の仕方が重要で、経営者の重要性が大きい中小企業の場合には、一律に「経営者責任」を論じることは難しく、①窮境原因に対する経営者の関与度合い、②対象債権者による金融支援の内容、③対象債権者の意向、④相談企業の事業継続における経営者の関与の必要性等、個々の事情を総合的に鑑み、「『経営責任の明確化』の仕方」を検討しなければならない。例えば、経営者個人の企業に対する有責性と有用性を比較衡量し、例えば過剰債務を企業が負った後に事業承継し、過剰債務は残りつつも一定の経営改善を進めた若手経営者等については、「経営者責任」論の例外として取り扱うものと考える。

　一方で、経営者の地位・処遇の保全を前提にした再生計画案の策定はあってはならない。このような考えに経営者が拘泥し続けることが企業再生支援の大きな要件である主要な債権者の支援の意思を失う大きな要因となりかねない。経営者は、ガイドラインやこれらをベースとした各種制度を利用して企業の再生を望む場合には、これら制度が支援の対象としているのは経営者の地位や財産ではなく、有用な経営資源を有しながら過大な債務を負っている企業であるということを十分に認識した上で、あくまでもこの有用な企業を生かすために経営者としての相応の決断が求められる、と考えるべきである。

　そもそも、中小企業が窮境に陥った大きな要因は、資金力ではなく、資金を有効に使う能力「経営力」の欠如であることを忘れてはならない。従って、企業再生には、有能な経営者を確保することが最も重要である。ただ、中小零細企業の場合には経営者を交代できない事情もあることも確かであることから、前述の「経営者責任」論の例外も含め、人材の確保、

より厳密には、「経営力」の確保をどうするかは、今後の課題である。

3．栃木県における中小企業再生支援協議会の実績

　各都道府県における協議会の支援件数は、中小企業庁より公表されているが、それによると栃木県の支援件数は以下のような推移となっている。

年　　度		2003年度	2004年度	2005年度	2006年度	2007年度	2008年度	2009年度
栃木県	相談企業数	120件	124件	52件	56件	56件	18件	12件
	再生計画策定支援件数	0件	40件	34件	14件	23件	10件	14件
全国	相談企業数	3,395件	2,666件	2,798件	2,584件	2,731件	812件	639件
	再生計画策定支援件数	101件	704件	566件	422件	394件	134件	150件

独立行政法人中小企業基盤整備機構「四半期活動情報」
（http://www.smrj.go.jp/keiei/saiseishien/activity/048880.html）より引用

　全国の傾向と比較すると、特に栃木県においては、協議会ができて間もない2003年度・2004年度の相談企業数が特に多く、その後徐々に相談企業数が減少している。これは足利銀行破綻の影響を受けた中小企業が具体的な金融上の相談窓口として協議会に相談を行った実績を表しており、更に協議会として再生計画策定支援レベルまで対応したことを表すものである。地域の中小企業に対する支援機関として、栃木県の協議会が重要な役割を果たしていることを示している。ただし、活用している金融支援手法については、全国的な傾向として返済期限の変更が多い傾向にあり、栃木県でも同様である。栃木県においては毎年それなりの再生計画策定支援を行っているのであるから、金融支援の内容も返済期限の延長に偏るのではなく、メイン行の決断は必要としつつも、債務免除等の抜本支援を内容とする計画があっても良いのではないか。また協議会は、それを進める手法

として、いわゆる委員会方式を主催できる様にすべきではないだろうか。
　一方で、金融支援の後の実態面の再生への支援については、制度面の課題が残る。即ち、協議会の役割としては、金融支援の後は、経営改善計画の実施状況を定性的・定量的に把握して状況に応じて改善を促すこと求めるが、制度の仕組み上、支援企業のモニタリングを主体的に行うのはメイン行を中心とした金融機関である。協議会は融資・出資を問わず資金を出すことが制度上できないため、たとえ企業再生に必要不可欠であっても、支援対象企業のガバナンスを確保して「経営力」が発揮されやすい状況を確保することも、直接役員を派遣することもできず、企業再生の支援を主導していくことには限界がある。
　もしここで、各地域の中小企業に対して、実態面の再生支援を確実に遂行しようとするためならば、協議会も融資及び出資機能を持つべきであり、更にこれら資金を有効に生かすための「経営力」を備えた人材を派遣する機能を備えるべき、もしくは、リスクマネーの供給及び、人材を派遣できる事業再生ファンド等の機関と連携すべきと考える。

4. 中小企業再生支援協議会の役割の変化

　中小企業庁のホームページにおいて、2012年5月に協議会事業の運営方針の変更が公表された。
　即ち、協議会において、これまでは財務実態調査及び事業実態調査を行い、その上で経営改善計画の策定支援を行っていた。このため、支援の申込から計画策定及び金融機関による計画の同意まで6ヶ月程度係る場合が多かった。これに対して、「再生計画の策定支援を出来る限り迅速かつ簡易に行う」観点から、一部の場合を除き、「財務面及び事業面の調査分析（デューデリジェンス）

第1章　栃木県における私的整理に基づく中小企業再生支援策

中小企業再生支援協議会事業実施基本要領等を改訂しました

平成24年5月21日
中小企業庁

　内閣府・金融庁・中小企業庁においてとりまとめられた、「中小企業金融円滑化法の最終延長を踏まえた中小企業の経営支援のための政策パッケージ」の具体化を図るため、中小企業再生支援協議会事業実施基本要領等を改訂しましたので、公表します。

1. 背景
　平成24年4月20日に、内閣府・金融庁・中小企業庁において、「中小企業金融円滑化法の最終延長を踏まえた中小企業の経営支援のための政策パッケージ」を策定し、公表したところです。
　その中で、<u>金融機関等の主体的な関与や財務面及び事業面の調査分析（デューデリジェンス）の省略等</u>により、再生計画の策定支援を出来る限り迅速かつ簡易に行う方法を確立すること等により、中小企業再生支援協議会の機能強化に取り組むこととしております。
　この具体化を図るため、「中小企業再生支援協議会事業実施基本要領」および「中小企業再生支援協議会事業実施基本要領Q&A」を改訂いたしましたので、公表します。

中小企業庁「経営サポート『再生支援』」(http://www.chusho.meti.go.jp/keiei/saisei/2012/0521Kyougikai.htm)
より引用（下線は筆者が付加）

の省略等」が行われるものとしている。

　この点、確かに従前の財務実態調査に関し、協議会全国本部が定めた様式は枚数が多く、作成に時間を要する物ではあったが、財務上の課題を把握するために必要な手続きであった。また、事業実態調査についても、経営改善のための方向性を明確にするために、必要な手続きであった。このため、「政策パッケージ」と呼ばれる様式による経営改善計画書の場合、従前の方法と比べて内容については柔軟性及び迅速性が認められ、次の表の通り新規支援開始件数は大幅に増加している。しかしその一方で、実態調査に基づく現状把握という面については、課題が生じるものと考える。

　また、策定された計画に対し、企業が計画を主体的に推進していくことを確認するモニタリング手続きについて、従前は協議会が企業へ直接進捗状況の確認を行うこととしていた。しかし、今回の改正により、企業のモニタリングはメ

新規支援開始件数の年度推移

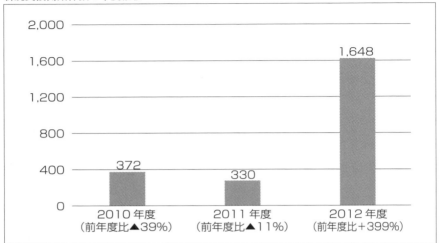

中小企業庁金融課「中小企業再生支援協議会の活動状況について～平成24年度活動状況分析～」
(htpp://www.smjp.go.jp/keiei/dbps_data/_material_/commonn/chushou/b_keiei/saisei/pdf/katudou/shihanki/
H250814_saisei_katudou24.pdf) より引用

イン行が行うもののとし、協議会はメイン行のモニタリング結果の報告を受ける形となっており、従前よりも更に一歩、モニタリング領域への関与が弱まっている。

協議会は全都道府県にある機関であり、大型の案件ではなく地域の中小企業の経営改善支援をきめ細かに行う機関である。協議会の仕組みができて間もない頃は、各都道府県単位で地元金融機関及び商工会等への認知度を高めるための活動を行い、独自に意見交換会や勉強会を行ってきた。また、全国会ができてからは、全国の協議会の水準の均質化を図る活動を行い、特に財務実態調査の質の向上を図ってきた。

今回の改正では、1社あたりの関与量を小さくすることで、1件でも多く支援する形に、運用方針を変えている。協議会の各担当者が実際にどこまで各案件に関与できるかは、その時の金融行政のルールにより変わってしまっている。

思うに、全国の協議会は、各地の中小企業の再生及び経営改善を支援する

機関であり、地方において数多くの案件が集まる数少ない事例蓄積の場である。このため、協議会全体の方針として中小企業の再生及び経営改善が達成される様、メイン行に委ねるのではなく協議会が自らモニタリングするべきである。また、各地の協議会は、中小企業の再生及び経営改善を行える人材を育成する場であるべきと考える。つまり、協議会は、現在の制度の中での手続の運用だけでなく、制度の枠に捕らわれない状態での、そもそも中小企業再生金融とは何なのか、経営改善とは何なのかについても、日々の業務の中での貴重な体験に照らしながら、随時議論を行う場とするべきと考える。

第5節　点の再生から面の再生へ

1. 栃木県における地域事業再生ファンドの必要性

　中小企業再生支援の一手法として、地元金融機関が債権売却を行うことで抜本的な支援を行い、かつ、債権売却を行う地元金融機関と正常な金融関係を回復し易くするための仕組みとして地域事業再生ファンドは必要となる。栃木県においては、㈱とちぎインベストメントパートナーズの後は事業再生ファンドが存在していなかったが、「とちぎネットワークファンド」を運営する「㈱とちぎネットワークパートナーズ」（以下「TNP」とする）が2013年6月20日に設立された。ファンド総額は20億円であり、かつての県内再生ファンド（㈱とちぎインベストメントパートナーズ、㈲とちぎフィナンシャルキャピタル・㈲とちぎフレンドリーキャピタル）よりも規模は小さいが、それでも地域事業再生を第一目的とする仕組みがあることに意義がある。

> **中小企業再生ファンド**
>
> 　中小企業再生ファンドは、財務改善や事業見直しにより再生可能な栃木県内の中小企業・小規模事業者を対象に金銭債権の買取や株式出資等の投資を行い、債務の軽減を図るとともに、継続的な経営支援を行い、再生を支援することを目的としています。
>
> 中小企業再生ファンドの概要
> 　　ファンド名称　：とちぎネットワークファンド
> 　　ファンド総額　：20億円
> 　　運営・管理会社：株式会社とちぎネットワークパートナーズ
>
> 平成25年6月20日：中小企業再生ファンドの運営を行う、株式会社とちぎネットワークパートナーズが設立されました
> 平成25年3月27日：栃木県内に本店を置く金融機関等が、中小企業再生ファンドの創設について合意しました
>
> 運営・管理会社の概要
> 　　名　　称：　株式会社とちぎネットワークパートナーズ
> 　　設　　立：　平成25年6月20日
> 　　所在地：　栃木県宇都宮市大通り四丁目1番20号
> 　　　　　　　宇都宮けやき通りビル4F
> 　　代表者：　安野　真・田口　和行

とちぎ中小企業支援ネットワーク
(http://www.cgc-tochigi.or.jp/networksupport) より引用

2. 中小企業再生支援のための提言

　これからの日本は人口減少が続くものと想定され、各地域においても経済規模の総量が徐々に縮小していくと想定される。足利銀行破綻のような急激な経済環境悪化は稀にしか発生しないまでも、各地域の経営環境が相対的には前年よりも厳しくなっていくことが継続し、「企業再生」というテーマは増々重要になってくるものと考えている。特に、法的整理の企業価値毀損に耐えられない中小企業のための再生支援機関として、IRCJのような強力な力を付与された公的再生機関はこれからも必要になってくること

が十分予想される。中立の第三者的立ち位置から関係者間の合意の着地点を見いだす専門的機関は継続して必要であるし、「経営管理手法の注入」「他地域・他産業のノウハウ」を注入できる組織は、恒久的に必要である、と考える。

　全国の企業を対象とした公的再生機関として、2009年10月に㈱企業再生支援機構が設立され、IRCJと同様に金融機関からの債権買い取りや出資、経営者の派遣を行っている。そして2013年3月には㈱地域経済活性化支援機構に改組された。支援対象企業としては中堅・中小企業も対象に含まれるとのことではあるが、支援実績としては日本航空㈱や㈱ウィルコムといった大企業が多い。

　現実的に栃木県内で中小企業再生支援施策を強化しようとした場合、県内での認知度及び実績がある協議会が各企業・金融機関の窓口となることが現実的である。リスクマネーの供給者としてはTNPが考えられる。

　しかしその一方で、足りてないのが、まず第1に中小企業を対象に財務構造の再構築と事業構造の選択と集中、そして再構築を図れるプロフェッショナルチームの存在である。現時点では県内の弁護士・公認会計士・中小企業診断士・不動産鑑定士等を中心に情報交換会を開催し、徐々に具体的な案件が進み始めている。この会の発展が望まれる。

　そして第2に、中小企業のターンアラウンド・マネジメントを行う人材である。できる人材が全くいない訳ではないが、その人材費は再生が必要な中小企業が負担しなければならず、中小企業が出せる金額は大きな額にはならない。そこで、ターンアラウンド・マネジメントを行う人員の人件費の一定部分を補助金で補填するという仕組みが考えられる。派遣される経営者は、例えば5年といった再生計画を遂行すると共に、その経営者が

持つ「経営力」を5年かけて社内の次期経営者候補に引き継いでいくのである。どの様な形にせよ、「経営力」を持つ人材を集め、後の世代に引き継ぐことを支援するための継続的な仕組みは必要である。

第2章　栃木県における関東自動車の再生支援の意義と結果

第1節　関東自動車における財務再生支援のあらまし

　㈱関東自動車(以下「関東自動車」とする)は栃木県内最大手の乗合バス会社であり、県内の一般路線バス市場において約70%余のシェア(輸送人員ベース)を有するとともに、貸切バスの保有台数も県内最大を占める。同社は収入の減少構造が続く一方で費用構造の硬直化等、経営改革が遅れ収益性が悪化し、有利子負債が過剰な状態に陥っていた。この過剰債務を解消するために、同社はメイン銀行である足利銀行とともに㈲とちぎフレンドリーキャピタル(以下「TFC」とする)、及び㈱産業再生機構(以下「IRCJ」とする)に支援申込みを行った。TFCの管理運営会社である㈱とちぎインベストメントパートナーズ(以下「TIP」とする)及びIRCJはこれに支援決定を行い、主要金融機関も債権放棄等の金融支援を実施して財務構造の再構築を図るとともに、マネジメント体制を再構築して、限られた経営資源、特に人材を有効活用・育成し事業の実体的な再生を進めていった。そして最終的には、2006年6月にTFCおよびIRCJが保有する全株式を民間へ売却し、関東自動車に対する公的支援は終了したのである。

　本章では、栃木県の重要な交通を担っている関東自動車に対するTIP/TFCとIRCJによる再生支援について振り返るものとする。

　その中で、まずは全国の乗合バス事業の都市における重要性と経営実態を説明し、これを受けて栃木県における関東自動車の位置付けを説明する。次に、関東自動車の再生支援について、そのスキームの説明を行うとともに、人々の営みである企業体そのものが実態としてどのように再生し

ていったのかの概要を説明する。そして最後に、TIPとIRCJが行った再生支援の結果について述べるとともに、企業再生そのものの課題について述べるものである。

　なお、筆者はIRCJの立場で本案件に携わった者であり、関東自動車は財務情報を一般に開示していないため、守秘義務の観点からその後の業績や再生支援のプロセスを詳細に記すことはできないこと、また、関東自動車に関する記述はIRCJ支援期間に限定していることを、ご容赦願いたい。

第2節　都市交通インフラ事業について

1．都市における交通インフラ事業の意義と社会的責任

　前述の通り、関東自動車は栃木県内の一般路線バス市場において約70％余のシェア（輸送人員ベース）を有しており、文字通り地域・都市の交通を担う重要なインフラの一つである。

　ここで「都市」というと捉え方は様々ではあるが、ここでは都市を「ヒト・モノ・カネ・情報」の集積体であり、路線バスはこのうち最も重要な人の域内または域間の移動を促進する手段であると考えている。したがって、路線バス事業を担う事業者の活動の停滞は都市と地方の活動そのものの停滞に繋がることになるため、交通インフラ事業は「事業継続性」を特に厳密に確保する社会的責任がある。

　ここで言う「事業継続性」は、文字通り事業が継続的に営まれることであるが、その要素の重要な一つとして、事業を維持するための資金繰りが続くことであり、そのために財務的に利益を出し続けなければならないのは、全ての民間企業に通じることである。とりわけ、バス事業を含む交通

インフラ事業は設備産業であるが故に、設備投資を計画的かつ着実に進めていかなければならない。

しかし「事業継続性」は財務の事業継続性（資金繰り）だけではない。バス事業は、バス一台毎に運転に関する専門職である運転士を配置しなければならない労働集約産業であるため、人繰り（要員管理）の継続性、即ち人事の継続性も極めて重要である。更に交通手段としてバスを安全に安心して市民に利用して頂くためには、これら運転士に対する継続的な教育研修が必要になり、これらが適切に行われ、個々の運転士の意識及び組織の文化に「一台一台のバスが会社を代表している」「我々がまちを背負って走っている」等のような共通の考えが根付いている必要があるが、これは長い期間を掛けて醸成していくものであるため、この教育という観点からも人事の継続性求められる。

2．全国の乗合バス事業の経営実態

地方の乗合バスの状況が置かれている経営環境は次のような状態にある。

乗合バス事業者は、全国的に厳しい状況が続いている中、通勤、通学、通院、病院、買い物等の地域住民の日常生活を支える公共交通機関として重要な役割を果たすべく経営努力している。

特に地方部においては、バスは主として高齢者や学生に利用されており、バス利用者は絶対数が少ない上に、自家用車の普及や人口の減少、少子高齢化の影響を受け、減少傾向が続いている。最近の状況としては、輸送人員の減少幅が依然として大きく、経営に与える影響が深刻化しており、そのため経営破綻したり大規模な路線廃止が行われている地域もある。

また、多くの事業者があらゆる合理化努力を行っているにも係らず、バリ

年度別収支率の推移（民営・公営）

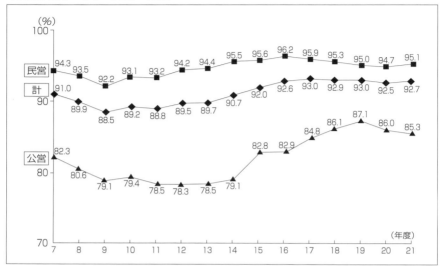

『2011年版（平成23年）日本のバス事業』公益社団法人日本バス協会　23頁より引用

アフリー対策や環境対策等への対応によるコストアップに加え、軽油価格の大幅な高騰が大きな打撃となり、極めて厳しい経営状況に陥っており、公的支援なくして路線網を維持することが困難な状況になっている。

　全国的な状況を数値で表現すると上の表の通りとなる。「収支率」は経常収支率（＝経常収益÷経常費用）を表しており、公営事業よりも民営事業の方が効率性は良いものの、全般的には経常赤字が続いている構造となっている。

　また、経費の構成は次の表のような推移となっている。燃料費については、ディーゼルエンジンの主要燃料である軽油が大半を占めているが、原油価格の高騰により大きく影響を受ける費目である。また、車両償却費ついては、財務的に体力を消耗し続けながらも交通バリアフリー法への対応のため、車両更新が求められた結果、計上額が増加したものとも読み取れる。このようにコントロールが難しい各種

第2章　栃木県における関東自動車の再生支援の意義と結果

経費に対して、人件費は原価に占める比率が下落してきているとは言え、引き続き高い水準にあり、労使交渉といういわゆる中の協議で対応できる領域になっていることから、人件費の削減が継続して行われてきた形になっている。勿論、人件費は高い・低いで簡単に表現できない部分も含んでいることに留意が必要である。

乗合バス実車キロ当たり経費及び構成比較の推移（民営）　　　　　　　　（単位：円・銭）

項目 年度	調査 会社数	人件費	燃料 油脂費	車両 修繕費	車両 償却費	その他	計	対前年 上昇率
9	191社	336.33 (73.1)	24.40 (5.3)	16.15 (3.5)	19.69 (4.3)	63.24 (13.8)	459.81 (100.0)	▲0.7%
10	191	327.32 (73.1)	22.24 (5.0)	16.61 (3.7)	18.48 (4.1)	63.26 (14.1)	447.91 (100.0)	▲2.6
11	195	312.16 (72.0)	22.71 (5.2)	16.53 (3.8)	17.52 (4.0)	64.67 (14.9)	433.59 (100.0)	▲3.2
12	196	293.95 (69.8)	24.78 (5.9)	17.24 (4.1)	16.20 (3.8)	68.90 (16.4)	421.07 (100.0)	▲2.9
13	212	276.63 (67.9)	24.51 (6.0)	17.91 (4.4)	15.34 (3.8)	73.06 (17.9)	407.45 (100.0)	▲3.2
14	228	253.89 (65.3)	24.90 (6.4)	18.55 (4.8)	16.12 (4.1)	73.35 (18.9)	388.81 (100.0)	▲4.6
15	227	239.74 (63.0)	25.03 (6.6)	18.79 (4.9)	17.68 (4.6)	79.00 (20.8)	380.24 (100.0)	▲2.2
16	225	228.02 (60.7)	27.30 (7.3)	19.43 (5.2)	19.02 (5.0)	82.09 (21.8)	375.86 (100.0)	▲1.2
17	226	219.44 (58.6)	32.12 (8.6)	19.27 (5.1)	20.37 (5.4)	83.42 (22.3)	374.62 (100.0)	▲0.3
18	227	223.68 (58.2)	35.00 (9.1)	19.67 (5.1)	22.14 (5.8)	83.80 (21.8)	384.29 (100.0)	2.2
19	228	220.37 (56.5)	37.74 (9.7)	20.14 (5.2)	25.76 (6.6)	85.68 (22.0)	389.69 (100.0)	1.4
20	227	219.80 (55.4)	41.04 (10.3)	20.88 (5.3)	27.44 (6.9)	87.90 (22.1)	397.06 (100.0)	1.9
21	228	220.77 (57.1)	31.10 (8.0)	20.96 (5.4)	27.38 (7.1)	86.47 (22.4)	386.68 (100.0)	▲2.6

『2011年版（平成23年）日本のバス事業』28頁より引用

以上のような収益性の悪化が進む中、金融機関は、融資先の返済能力の判断基準についてかつてのような担保主義ではなく、キャッシュ・フローに基づく判断基準に変わったため、以上のようなバス事業者の収益性の低下は、金融機関からの資金調達能力の低下をもたらした。更に不動産価格そのものがバブル崩壊以降下落し続けたため、金融機関としては担保不動産の評価額、言い換えれば融資額のうちリスクを有する非保全部分が拡大することとなり、貸倒引当金の追加計上による収益性の悪化と自己資本の劣化が進むこととなった。このため金融機関としては、バス事業者からの継続融資要請に応じることが出来なくなり、バス事業者は資金繰りのために車両更新投資等を抑制していくことになり、結果として将来の修繕費が増加する形で、バス事業者は収益性が悪化していき、負のスパイラルに陥ることになった。

3. 栃木県における関東自動車の位置付け

　以上のような全国的な地方バス会社の動向に対し、関東自動車は同じような状

事業再生計画の概要

第1　対象事業者の概要

〜(略)〜

2. 事業の概要
　　一般路線バス事業（一般路線バス・高速長距離バス）、観光事業（旅行代理店事業・貸切バス事業等）、自動車整備事業、ホテル事業、及び不動産賃貸事業等を営んでおり、栃木県の一般路線バス市場において約 70％のシェア（輸送人員ベース）を有するとともに貸切バスの保有台数も県内最多である同県内最大手のバス事業者である。

〜(略)〜

第2　支援申込に至った経緯
　　対象事業者は、一般路線バス事業において自家用車の普及等を原因として昭和 40 年代半ばから市場全体が縮小し続け、また、貸切バス事業における規制緩和がなされた状況下において、事業の転換や適正な費用構造構築等の有効な施策の実行の遅れにより、抱える有利子負債を返済するのに十分な収益を上げることができずに窮境に陥っていた。
　　このような状況のもと、対象事業者及びメイン銀行は、過剰な有利子負債を解消するとともに、事業の見直しを行い事業の再生を図るべく、産業再生機構に支援申込をするに至った。

　　　「預金保険機構管理情報　株式会社産業再生機構　支援企業に関する発表資料　関東自動車株式会社」
　　　　(http://www.dic.go.jp/IRCJ/ja/pdf/shien_kantobus_2004112602.pdf)　より引用

況となっていたが、このことを2004年11月26日のIRCJによる「支援決定」の中の「事業再生計画の概要」において、左記のように述べている。

　関東自動車は、全国的な地方バス会社の動向と同様の部分があったが、大きく異なっていたのは足利銀行の破綻の影響が栃木県全体に及んでいたことである。関東自動車そのものの財務体質の悪化と、それを支えてきた足利銀行の破綻が重なり、TIP・IRCJの再生支援が必要になったのである。

第3節　関東自動車の再生支援について

1. 関東自動車の再生支援の意義

　以上の関東自動車を取り巻く外部・内部の中で、関東自動車は主要債権者とともにTIP・IRCJへ再生支援の申込を行ったわけであるが、関東自動車の再生支援が他の民間企業への再生支援と性格が少し異なる部分について次に説明する。

　一般的な地方の中小企業の再生支援は、再生支援に値する経営資源を有するという企業体そのものの要件の他に、支援によって救済されるのが主に従業員とその家族、そして取引先であろう。

　一方、関東自動車の場合、再生支援により救済される範囲として上記の人々を含んでいることはもちろんであるが、更に、地域交通のインフラとしての機能を有していることから、関東自動車への再生支援は、地域の重要な機能を維持するための支援措置という意味合いもある。現に、IRCJの関東自動車に対する支援決定の公表の中で、事業所管大臣（国土交通大臣）より、以下の意見が出ている。

　関東自動車の財務体質改善のために、賃借対照表における負債構造の再構築が行われることになったが、当然収支構造の改善も必要で、その手法としてはコスト構造の見直しの他、売上構造、即ち一般乗合路線で言えば、交通ネットワーク

の再検討を採算性の観点から行う必要があった。一方で関東自動車には交通インフラ事業者としての社会的責任もある。したがって関東自動車は、一民間企業として運行維持できる範囲の見極めと、社会的には必要であるものの一民間企業では維持しきれない路線に関する関係者間での十分な議論、特に行政への協力要請を行っていったのである。

関東自動車株式会社等に対する支援決定について

5. 事業所管大臣（国土交通大臣）の意見
　関東自動車株式会社は、栃木県宇都宮市を中心とする県央地区及び県南地区に相当数の乗合バス路線を展開し、地域住民の日常生活の足を支える役割を果たしていることから、再生計画の実施に当たっては、当該地域における適切な交通ネットワークが維持されるよう十分配慮されたい。
　特に、路線の統廃合等を図る場合においては、その後の生活交通の維持、確保を期すため、地域協議会等の積極的な活用を図り、当該地域の関係者間において十分な議論を尽くすよう努められたい。

「預金保険機構管理情報　株式会社産業再生機構　支援企業に関する発表資料　関東自動車株式会社」HPより引用

2. 関東自動車の再生スキーム

　それでは関東自動車がTIP・IRCJ支援時にどの様な再生が行われたのであろうか。ここでは、筆者の守秘義務の観点もあり、財務数値や詳細な情報の記述はできないが、筆者の知る事例を述べつつ、IRCJの公表情報に基づき説明を行う。

　最初に財務構造の再構築に関するフェーズであるが、右のように公表されている。

　これは「私的整理に関するガイドライン」の考え方を貫いた施策となっている。前章にて「私的整理に関するガイドライン」を解説したが、その中では金融支援を受ける前提として「株主責任の明確化」が明記されており、「既存株主保有株式の99％につき減資」を行った後にTFC・IRCJによる追加出資を行うことで、既存株主の割合的地位は大きく減少させている。その上で金融機関による債権放棄とDES（Debt Equity Swap：債務の資本転換）が行われている。

> **事業再生計画の概要**
>
> 第3　事業計画等の概要
>
> 　　　　　　　　　　　〜（略）〜
>
> 　2．企業組織再編等
> 　①　後述の減資の後に、栃木地域の企業の再生支援等を行うべく設立された株式会社とちぎインベストメントパートナーズが運営する「とちぎ地域企業再生ファンド」（匿名組合営業者：有限会社とちぎフレンドリーキャピタル）」と産業再生機構とが協調して計3億円の関東自動車㈱に対する出資及び同社発行の新株予約権付社債の引受を行い、資本の充実を図る。
>
> 　　　　　　　　　　　〜（略）〜
>
> 　3．金融支援の概要
> 　　　金融機関等に対し、90億円の金融支援（債権放棄及びDES）を依頼する。
> 　　　　　　　　　　　〜（略）〜
>
> 第5　経営者の責任
> 　　　代表取締役社長以下の取締役は全員退任し、退職慰労金の受領を辞退するとともに、その保有する株式及び代表取締役社長一族の保有する株式等について、無償で100％償却する。
>
> 第6　株主の責任
> 　　　既存株主保有株式の99％につき減資を行い、また、有限会社とちぎフレンドリーキャピタル及び産業再生機構に対する第三者割当増資により、既存株主の割合的地位を減少させる。

「預金保険機構管理情報　株式会社産業再生機構　支援企業に関する発表資料　関東自動車株式会社」HPより引用

即ち、一般論で言うと株主と債権者の間では、先にリスクを負担するのが株主であることから、本件においても既存株主の株主価値のほとんどが希薄化され、その上で債権者である金融機関が金融支援を行った形となっている。ただし、あくまでも「私的整理ガイドライン」の考え方を踏襲しているため、支援を行った債権者の範囲は、企業価値の毀損を防ぐ観点から金融債権者に限定され、かつ、金融債権者側も、債務者企業を清算させて清算配当で回収するよりも、元々の債権の一部の放棄等を行い、その後債務者企業の体力の回復を待ちながら徐々に回収していく方が、回収額が大きい（経済合理性がある）、と判断してのこととなる。

また、ガイドラインの重要な考え方にある「経営者責任の明確化」についても、関東自動車がTIP・IRCJへ支援要請を行った時の代表取締役社長以

第Ⅱ部　企業再生に係る私的手続と税務及び金融機関関係

下の取締役は全員退任した形で果たした形となった。仮に、この部分で旧経営陣の決断が遅れれば遅れるほど事業は劣化していくこととなり、関東自動車という企業体の再建が困難になるばかりでなく、地域交通インフラ自体の事業継続性に悪影響が及ぶことになっていた。しかし、本件の場合には当時の経営陣が上記「経営責任の明確化」の決断を適時に果たしたことが、その後の早期再生に対する重要な要因の一つとなった、と考える。

　これら経営者責任の明確化による旧経営陣の退任と、株主責任の明確化と新規資本の注入による資本構造の再構築を行った上で、新主要株主であるTIP・IRCJによりターンアラウンド・マネジメントとして新経営陣が選任されることとなった。

3. 関東自動車の事業計画の骨子

(1) 公表された事業計画の骨子

　関東自動車が実体的に事業が再生していくための「事業計画」が策定されているが、その主要部分は右記の引用の通りとなっている。

(2) 事業の選択と集中について

　「① 事業の選択と集中」は、ほとんどの企業再生案件で検討を要する領域である。企業再生の実務の中では、会社が複数の事業を有している場合、事業を「収益事業」と「不採算事業」、「中核事業」と「非中核事業」に分け、（A）収益・中核事業、（B）収益・非中核事業、（C）不採算・中核事業、（D）不採算・非中核事業に分ける。その上で、以下で述べるようにそれぞれの事業に関係する大方針を決定していく。なお、ここで言う「事業」とは、社内の一部門の場合もあれば、関係する有価証券や出資金、不動産である場合

第 2 章　栃木県における関東自動車の再生支援の意義と結果

> 事業再生計画の概要
> 　第3　事業計画等の概要
> 　　1.　事業計画
> 　　　①事業の選択と集中
> 　　　　市場性、競争優位性、収益メカニズムと将来の収益改善可能性を総合的に勘案し、一般路線バス事業（一般路線バス・高速長距離バス）、観光事業（旅行代理店事業・貸切バス事業等）、及び自動車整備事業を存続事業（コア事業）と位置付け、競争力を強化する。一方で、コア事業と関連性の薄いホテル事業、不動産賃貸事業等については撤退する。
> 　　　②営業力・商品企画力の強化
> 　　　　一般路線バス事業は輸送の実態に合致した路線の実現や効率的運営に取り組む。観光事業と自動車整備事業は現有の経営資源を活かして組織的な営業力と商品企画力の強化を行う。
> 　　　③　人事制度改訂
> 　　　　事業再生計画作成の過程で労働組合の協力も得て新しい労働条件の枠組みが整った。今後は会社の業績や個人への評価が報酬に反映される人事制度導入を計画する。同時に、研修体系や評価制度の改訂を行い、個々人の育成に努める。
> 　　　④　費用構造の見直し
> 　　　　高い稼動の維持に努めると同時に、設備や人件費の変動費化など今までにない柔軟な体制作りに取り組んで限界利益率を高める。
> 　　　　設備や資材などの調達は市場の適正価格を実現するため、業者選定や発注スペック見直しなどに取り組む。
> 　　　　　　　　　　　　　　　〜(略)〜
> 「預金保険機構管理情報　株式会社産業再生機構　支援企業に関する発表資料　関東自動車株式会社」HPより引用

も含まれることに留意願いたい。

(A) 収益・中核事業

　文字通り企業の中核事業であり、その事業単独では黒字で、他の事業に回していた経営資源（特に資金・人員・マネジメントの時間）を削減し、この分野に集中投下させて資本効率性を高め、財務健全化を目指すための突破口となる事業である。

　関東自動車の場合には、「一般路線バス事業（一般路線バス・高速長距離バス）」、「観光事業（旅行代理店事業・貸切バス事業等）」、及び「自動車整備事業」を存続事業(コア事業)と位置付け、競争力を強化する方針とした。

(B) 収益・非中核事業

　その事業自体は単独黒字ではあるが、財務健全化の途上においては、いかに早期に過剰債務を圧縮できるかが焦点となっているため、たとえ収益事業ではあっても（A）収益・中核事業との関連性が薄ければ、早期に売却を行い、その売却資金を過剰債務の返済に充て、更に（B）収益・非中核事業から異動できる人員は（A）収益・中核事業に異動させる形となる。

　関東自動車の場合、コア事業と関連性の薄い「ホテル事業」、「不動産賃貸事業」等については撤退する方針とした。

(C) 不採算・中核事業、(D) 不採算・非中核事業

　文字通り不採算事業である。財務健全化の途上では、いわゆる「止血」が最優先で行われなければならず、赤字事業は早急に売却もしくは閉鎖する必要がある。これらに該当すると、例え創業した時の事業等、組織として「思い入れ」等がある事業であったとしても、企業再生のためには徹底して「止血」作業を進めていかなければならない。なお、企業再生を行う過程において経営陣の入れ替えが行われるが、これはこの過去に対する「思い入れ」を断ち切り、冷静に判断するという観点からも、必要不可欠なものと考える。

　なお、一般的な私的整理ベースでの企業再生は、債務者企業だけの思惑で進むことはあり得ず、必ず金融債権者側の支援の意思が必要となる。この金融債権者側の支援の意思は、各金融債権者と債務者企業との過去のやりとり・関与度合いや、各金融債権者における経済合理性の判断があり、事業再生計画に対する原則として全金融債権者の同意が、事業再生における必須の要件である。したがって、債務者企業側の状況により（A）から（D）に色分けを行い、その上で（B）から（D）の資産売却する方針であったとしても、必ずしも全金融

債権者の同意が得られるわけではなく、状況によっては（A）収益・中核事業の資産（特に不動産）売却を行う必要が生ずる場合もある。ただし、あくまでも計画策定時点での売却価値と、売却後に利用しなければならない代替物件で発生する将来の賃料等による収益減少は比較検討しなければならず、さらに金融債権者が複数存在する場合には、担保権の設定状況も考慮の上で、売却対象物件の検討をしていかなければならない。

(3) 営業力・商品企画力の強化について

「営業力・商品企画力の強化」も企業再生一般で検討される領域であり、事業の選択と集中の結果、転用できる資金や人員を投入することで行われるものである。この場合、再生のための財務構造・組織構造再構築、その他諸々の再構築のため、社内が混乱していることが往々にしてあり、事業再生計画に記載されていることに対する優先順位付けは、ターンアラウンド・マネジメントにとっては特に重要なポイントとなっている。また、これまで財務破綻直前の状態であった組織では、組織が硬直し、組織間の連携が取りにくい状態となっており、財務構造再構築直後は部門横断的な企画領域の業務は、組織に浸透しにくいことが多い。このため、ターンアラウンド・マネジメントは、指揮命令系統の明確化、組織の柔軟化、従業員の教育、そして適切な時間配分を、その組織の置かれている状況を的確に把握しながら匙加減を調整していかなければならない。

関東自動車においては、後述するように、多様な企業ステージの組織運営経験のある手塚基文氏が代表取締役社長としてターンアラウンド・マネジメントチームの中心となっており、状況に応じた柔軟な調整を行いながら組織運営を行ったことの意義は大きい、と考える。

(4) 人事制度の改訂について

「人事制度の改訂」も企業再生の場面でしばしば検討される領域である。検討される内容としては、かつて作成された人事制度の想定する労働の内容と現在の労働の内容の不一致（収益に対する人件費構造の見直し）、モチベーションを考慮した人事制度への変革、法令への準拠状況等がある。

特に関東自動車は労働集約型産業であり、労働組合の協力の得ながら、人事制度の見直しを行った。

(5) 費用構造の見直しについて

「費用構造の見直し」も企業再生の場面で多く検討される領域である。

発注内容（スペック・単価・発注先、代替品の検討）の個々の見直しもあれば、決裁制度の再整備、複数見積りの上での選択発注等々の購買手続そのものの整備もある。また、そもそも社内業務プロセスの簡素化等により、作業そのものをなくしていくことも検討される。また、これら改善手法は、単に費用削減の観点だけに使うのではなく、例えばこれまで知ることができなかった決定プロセスの透明化による従業員の士気の向上、管理責任を数値で負わせることによる管理者の意識の向上等、多面的な効果を考慮しながら組立てていく必要がある。

また、現有設備の稼働率を高めれば、1稼働あたりの固定費は薄まることから、このことも設備産業においては重要な施策となる。

関東自動車では、設備の稼働率向上による固定費の希薄化、設備・人件費の部門間変動化により売上高の変動に対する損益幅の低減、そして設備・資材の選定手続やスペックの見直し等による調達価格の適正化を行っている。

4. 関東自動車の再生マネジメントについて

　関東自動車においては、これらの事業計画を確実に遂行するために、TIP・IRCJ の支援のもと、(1) 企業統治力の強化、(2) 経験豊かなターンアラウンド・マネジメントの招聘、(3) マネジメント・システムの徹底、を強力に行い、「経営力」の抜本的な革新を進めていった。これらを以下にて説明する。

(1) 企業統治力の強化

　企業再生のプロセスには、大きく分けて「財務構造再構築のプロセス」と「事業構造の再構築のプロセス」があり、前者は主に債務者企業と株主・債権者との関係の再構築の問題である一方、後者については債務者企業と事業上の取引のある関係者、そして債務者企業内の問題である。

　企業再生が必要な事業ほど、更に言えば株主価値がマイナスになるほど財政状況が痛んでいる企業は、財務状況が健全な会社と比較して、債権者の発言力は比較的大きい。一方、株主の発言力は、株主としてその実質価値が無くなっていることを自覚の上で、発言力が実質的に無くなっている場合があれば、財政状態が健全な会社と何ら変わらない発言力を有している場合もある。いずれにしても企業側は、当然事業そのものに向き合う必要がある（むしろ事業が痛んでいるが故に、平時以上に向き合う必要がある）一方で、財政状態が痛んでいるが故に債権者に対して向き合う時間を確保しなければならない上に、株主の発言力が温存されている状態であれば、更にこちらに対しても向かい合う時間を確保しなければならない。

　この点、私的整理に関するガイドラインの考え方にある「株主責任の明確化」は、既存株主の権利を希薄化もしくは消滅させる機能を有していることから、企業再生を担う経営陣は、既存株主からの影響力を大きく軽減できる。

また、私的整理の枠組みの中で金融債務の再構築が行われる。これは企業の再生プロセスを示した事業再生計画と計数的に整合性の取れる形に金融債務が返済額、返済期限、金利、担保等、各種条件の面で再構築され、企業再生が計画通り進捗している限りは、債務者と債権者の間で定められたレポーティングの方法により定例報告がされることになり、それを超える債権者の関与は、基本的にはなされないことになる。したがって企業再生を担う経営陣は、事業再生計画を達成できている限りは、金融債権者からの関与を安定化させることができる。

　そして資本・負債構造の再構築の最終段階で、企業再生というリスクの極めて高い局面のリスクを引き受ける新規株主が資本注入を行い、資本・負債構造の再構築は基本的に完了する。

　次に「事業構造の再構築」プロセスであるが、これを担う経営陣は、新規資本に対して及び企業体そのものに対して忠実であり、企業内に存在する（むしろ、「残された」という状況が多いだろう）経営資源を最大限に活用することができる者でなければならない。私的整理に関するガイドラインの考え方において「経営者責任の明確化」が必要となるのは、旧経営陣が株主・債権者その他支援協力をした関係者に対する道義的責任を果たすという意味の他、「ごく限られた経営資源」のなかで「企業再生という難局」を乗り越えなければならない、という極めて厳しい条件を積極的に、結果を出す前提で引き受けられるターンアラウンド・マネジメントチームに替えていくことも意味している。即ち、私的整理ガイドラインの考え方の中に、「経営力」の抜本的革新が組み込まれているのである。

　以上の点について関東自動車の場合には、前述したように既存株主の割合的地位の希薄化、金融債権者による金融支援が行われ、TIP・IRCJによる資本

注入が行われている。これにより、関東自動車は、「足利銀行破綻の影響及び地域社会への影響を可能な限り少なくするために」組成された TIP 及び「雇用の安定等に配慮しつつ、我が国の産業の再生を図るとともに、金融機関等の不良債権の処理の促進による信用秩序の維持を図る」ことを目的とした IRCJ により資本的な統治が形成され、その中でこれら新株主の意思に対して、及び事業体に対して忠実であり、かつ、「ごく限られた経営資源」の中で「地域の交通インフラ機能を維持」しながら、「企業再生という難局」を乗り越えなければならない、という極めて厳しい条件を積極的に、結果を出す前提で引き受けられるターンアラウンド・マネジメントチームが形成され、「経営力」の抜本的革新が行われていくのである。

(2) 経験豊かなターンアラウンド・マネジメントの招聘

　以上のような困難な職務を全うするためのターンアラウンド・マネジメントチームを形成するために、最も重要になるのが CEO の選定である。
　IRCJ の CEO 選定については、関東自動車支援チームの執行責任者である松本順氏が、後に以下のように述べている。

> 産業再生機構による支援が決定に至る以前の段階から同機能の案件担当チームはターンアラウンドマネージャーの選定を始めていた。より必要であったことは、有効な組織管理体制の構築と新しい事業戦略の実現に対するあくなき執着心、そして実行力である。　〜(略)〜　サスティナブルな事業体に再生させるためには、それらの経営上の課題に関して業種を超えた一般解として優れたビジネス上の判断を施していかなければならなかったのである。

松本順「バス会社は人材でよみがえる－バス会社の苦境、関東自動車の再生－」
『事業再生と債権管理』120 号より引用

　実際に代表取締役に就任したのは、大手商社丸紅出身の手塚基文氏である。同氏は、食料部門を永らく経験したうえでの異業種への転身であるが、これまでの経験の中で得た組織管理の知見や様々な組織のステージ、及びそこにおける人

材活用の経験、規制産業における行政との関わり方の経験、そして数字に対する飽く無き執着心と人間的な懐の深さを持ち合わせていた。これらの経験を異業種である関東自動車にもアレンジしながら注入していき、関東自動車の再生ステップと従業員の成長度合いに合わせた采配を行っていった。また、粘り強い交渉力と懐の深さは、労働組合との信頼関係を構築していくことできた。このことは、バス事業が労働集約型産業であり人件費率が極めて高い産業であること及び、普段は社外にいる多くの運転士へ会社の意思を伝えるに際し、組合側が側面から協力していったという点で、事業運営における最重要要素のマネジメントに大きな影響を与えたのである。

　CFOに就任したのは、大手商社三井物産出身の正木尚（たかし）氏である。同氏は、財務経理の長い経験を有し、為替取引や国際的プロジェクト・ファイナンス等の高度な企業財務技術を持ち合わせ、鋭い分析力と計画力を有していたがその一方人情味溢れる人物であった。また、様々な業種・様々なフェーズでの組織運営も経験してきており、関東自動車への着任時はスピードを重視した「百日作戦」を企画し、計数に基づく経営管理インフラの構築、従業員に自信を持たせるためのステップ作り、社内のノウハウを棚卸・醸成するための会議体運営を行っていった。

　企業再生においては、事業再生計画の作成だけでは足りず、事業再生計画をマネジメント・チームが実践していくことが求められるが、両氏の実践力についてはIRCJ松本氏が以下のように後述している。

　　二人とも商社の出身であることは選定サイドの意図したことではない。しかし、バス事業者とは異なるグローバルな競争環境に身を置き、若手のころから様々な成功体験（と場合によっては失敗体験）を積み重ねてきた二人のビジネスマンに関する知見と実行力は、事業再生計画策定の段階では抽象的であった各種事業戦略を実行フェーズに落とし込んでいく際に具体的かつ現実的な効果を発揮した。

　　　　　　　　　　　　　　「バス会社は人材でよみがえる－バス会社の苦境、関東自動車の再生－」より引用

また、ターンアラウンド・マネジメントチームには、メインバンクである足利銀行から転籍してきた落合義則氏と石原玲一氏が加わっていた。
　落合氏は取締役会に参画し、また毎週行われる経営会議において事務局的役割を果たしていった。また、事業の選択と集中における不動産等の売却の実行も落合氏が担当した。
　石原氏は経営企画領域を担当し、中堅・若手社員の様々な相談を受ける一方で、手塚氏・正木氏の経営管理のノウハウや考え方、即ち「経営力」を吸収していった。
　これら四氏の他にも、前経営陣では専務取締役であったが企業再生への意思と労務担当としての組合とのコミュニケーションの観点から、取締役を退任後に執行役員に就任した小野口仁氏、また前経営陣では取締役であったが、同じく企業再生への意思と栃木県における乗合バス事業の専門性の観点から、取締役を退任後に執行役員に就任した栗原志朗氏も、手塚氏を中心とするターンアラウンド・マネジメントチームに貢献していった。

(3) マネジメント・システムの徹底
　これまで述べてきた「企業統治力の強化」・「経験豊かなターンアラウンド・マネジメントの招聘」をベースに、事業再生計画の確実なる遂行を意図してマネジメント・システムが構成されていった。支援株主（TIP・IRCJ）の関与したマネジメント・システムとしては、株主総会と取締役会、そして組織運営と取締役会に上程する内容の整理と再生モニタリングのための経営会議である。
　株主総会は、TIP・IRCJと他の少数株主、これに取締役と監査役が参加し、会社法上の最終意思決定が行われた。
　取締役会は、代表取締役の手塚氏、常務取締役の正木氏と、取締役の落合氏、株主側からの社外役員としてはTIPから2名、IRCJから2名の7名から構成された。

このほかに毎週火曜日に経営会議が開催され、取締役7名と石原氏を中心に会議が進められた。
　毎週開かれる経営会議はPlan-Do-Check-Actionのマネジメントサイクルの起点となっており、その回転が1週間単位で行われたが、会議の中では、TIP・IRCJ側（ここでは「モニタリングチーム」と表現する）からは理論的な必須のあるべき論に基づき、状況の説明と改善の要請が行われていった。マネジメントチームは、現状の限りある経営資源を前提にモニタリングチームの要望への対応をしていった。ただし、組織体制が整っているわけではなく、従業員を育てていきながら要望（あるべき論）の対応についての不足部分は、マネジメントチーム自らの手作業で積み上げていく形となった。マネジメントチームは、理論（あるべき論）と現実を行ったり来たりしながら、また、従業員の成長度合いと組織のステージを見極めながら徐々に従業員を巻き込んでいき、課題の一つ一つをあるべき論に近づけていくことを繰り返していった。
　また、経営会議では事業再生計画の具体化・進捗確認も同時に行われていった。TIP・IRCJによる支援決定当初の事業再生計画は、その実作業を外部のコンサルタントが短時間でヒアリングや外部環境調査に基づいて行ったものであり、企業の大枠を捉えたものとなっていた。ただし、組織を動かしていくための実行計画ではないため、マネジメントチームは、事業再生計画の前提条件と現状との差異の確認、更に新規事象の発生の確認、そしてこれらに対する対応策の策定と、当初より想定された事業戦略の個別具体化・Action Plan化（誰が、何を、何時までに、どの様に、の公式化）、そしてこれら全ての実行をしていくこととなった。その上でモニタリングチームは、マネジメントチームの進捗確認と効果検証を行っていったのである。更に企業再生活動初年の年末には、マネジメントチーム自らの手で新5ヶ年事業計画が策定され、これに基づいて

予実管理が行われていった。

　以上の経営会議の議論は全て関東自動車を再生させるという一つの大目的のもと、各位が妥協のない議論を徹底的に行いながら進めていった。これらは極めて密度の濃い、同時に難易度の高い実務が行われていったわけであるが、マネジメントチーム、特に手塚氏の熱意のこもった執着心により、着実に進められたのである。

　なお、株主サイドのメンバーは、これよりも深い（会社の実務に近い）領域にはなるべく立ち入らないようにし、立ち入るにしても株主としての権限というよりは特殊技能（例えば公認会計士や社会保険労務士等）に基づいたコンサルタントという位置付けで、関与する形とした。というのは、「企業統治力の強化」は、債務者企業と新旧株主、金融債権者の関係の他、一般従業員とマネジメントチーム、そして株主等の「外部者」との関係があり、マネジメントチームが限られた経営資源（特にこの場合には個々の意思を有する人材）を最大限に有効活用するには、従業員が株主ではなく、マネジメントチームに意識を集中するように設計する必要があったためである。

　なお、このようなケースは全ての企業再生に案件に該当する訳ではないことを付言する。というのは、企業によって経営力は千差万別であり、経営力が不十分であるが故に資金ショート、主要人材の流出、組織の崩壊が発生することもあり得る。このため、主要株主及びメイン金融債権者からなるモニタリングチームは、支援先の経営力に応じて支援先への介入の程度を調整していく必要がある。

第4節　関東自動車の再生支援の結果について

1. 財務的観点

　TIP・IRCJ の企業再生支援は、一定期限の中で民間がリスクを取れない

領域について公的な出資を行い、支援先の資本を支えることを行っていった。このTIP・IRCJの支援先企業に対する出資（株式）が民間企業に売却されるということは、単にTIP・IRCJの売却損益の問題ではなく、TIP・IRCJの背後にある県民・国民に対する追加負担が生じるかどうかという問題がある。また別の観点として、支援先企業の資本に対するリスクが、公的存在しか取り得なかった状態から、民間の資本市場が取り得る状況にまで、支援先企業が回復していったことを表しているのである。

関東自動車は、2004年11月にTIPとIRCJの支援決定が行われ、TIP・IRCJが資本注入を行っていったわけであるが、その株式は2006年6月に民間へ売却され、関東自動車へのTIPとIRCJの支援は終了した。およそ1年半の期間で、公的再生支援機関が支えていた関東自動車の資本が、民間の資本市場に復帰できたということに、財務的観点からの意義があった。

また、金融負債に関しては、これまで破綻前の足利銀行等の金融機関が不動産担保主義に基づいて融資を行ってきたが、金融機関側は不動産担保主義（担保絶対主義）から将来キャッシュ・フローを担保に融資を行う姿勢、即ち事業収益担保主義に転換しており、関東自動車がこの事業収益担保主義の目線に耐えうる状態、即ち、事業そのもののマネジメント力と金融機関とのリレーションシップ構築力、換言すると「経営力」が金融機関に評価される存在になったという点からも意義があった。

2. マネジメントによる企業体の活性化

関東自動車の再生スキームは、「経営力」の抜本的改革と財務構造の再構築、事業構造の選択と集中が大きなポイントであった。財務構造の再構築は資本の入れ替えと負債構造の組替え、事業構造の選択と集中はコア事

業とノンコア事業の整理に分けられ、ノンコア事業の整理はノンコア事業及び資産の売却を徹底して行い、その資金を負債圧縮に充て、人員はコア事業に振り分けられて、ターンアラウンド・マネジメントチームのもと、コア事業の再構築が進められていった。コア事業の再構築は、盤石の企業統治体制のもと、招聘された強力なCEO・CFOが加わったターンアラウンド・マネジメントチームにより、他業界の有用な経営管理ノウハウをアレンジしつつ注入しながら、残った人材を活用・活性化させていき、更に次世代を時間を掛けて育てていくことで、企業体そのものが活性化していったのである。

TIP・IRCJによる関東自動車への再生支援は2006年6月で終了しているが、関東自動車という企業体はその再生の過程で、地元金融機関からの金融支援を受けた。これは足利銀行を中心とした金融機関にとって、金融支援することの経済合理性があるという判断だけでなく、支援するに値する社会性を有した企業であるとの判断のもとに、金融支援が行われたのである。

IRCJの立場を有したと同時に地元出身の筆者にとっては、IRCJのEXIT以降の関東自動車に対して、関東自動車の社会的存在意義の本質である、"まちを背負って走り続ける"という企業体としての誇りと社会的責任を、各役職員がそれぞれの職務の中で大切にして頂きたいと願う。更にマネジメントチーム(ここでは"ターンアラウンド"という言葉は付かない)は、関東自動車という企業体が環境変化に合わせて走り続けていくことができる自律的組織運営の仕組み作りを錬り続ける、換言すると「経営力」を高め続ける必要があり、そうして頂きたいと願い続けるばかりである。

3. 企業再生手法のノウハウの伝播

企業再生案件の共通する大まかな手法としては、その支援が単なる延命(＝

毒）で終わらせるのではなく、文字通り「生き金」にしていくためにも、以下のノウハウが注入されているのが多い。

- ● 企業体そのものの存在意義の徹底した公式化
  - ・企業の社会的存在意義の明示
  - ・会社をどの様な姿で残すかを表す経営ビジョン
  - ・企業の社会的存在意義を個々の役職員の職務レベルまで細分化し、それぞれの職・機能が存在する意味を各位に腹落ちする場の仕組み化
- ● 計数管理インフラ
  - ・財務上の羅針盤・指針としての中期利益計画
  - ・スピードメーターとしての発生主義に基づく月次予実管理、部門別計算等
- ● 人事・労務管理インフラ
  - ・人事・労務上の羅針盤・指針としての中期人事計画・中期労務構成計画
  - ・スピードメーターとしての人事評価システム、労務関係の財務計数・指標

　関東自動車の場合は、もともと再生支援に値する事業体ではあるものの、組織運営手法について更なる高度化を図る必要があったわけであるが、CEO手塚氏・CFO正木氏を招聘することで、両氏が深い経験に基づいて体得した組織運営ノウハウが注入された。このとき大切なのは、両氏は過去のノウハウを関東自動車の形に"アレンジ"したことで、両氏の経験は異業種にも根付き、組織運営の要になった。まさに経営力の抜本的改革である。両氏の社内でのアウトプット・考えを学んだ中堅・若手世代が今後その経験を重要なきっかけとして、それぞれの職務の中で更なるアレンジをしていくことになるであろう。

　また、関東自動車の再生支援の過程という特殊な状況の中で、様々な課

題発見、問題解決を行っていったという経験は、立場を問わず、関係者に共通することではないだろうか。

　企業再生が後に残した最大の成果とは、「未来を創る人財を残したこと」、と考える。

〈参考文献〉
『2011年版（平成23年）　日本のバス事業』（公益社団法人日本バス協会）

第Ⅱ部　企業再生に係る私的手続と税務及び金融機関関係

第3章　企業再生税制の拡充

第1節　企業再生税制の必要性

　企業が再生を図るために、金融機関の支援を受けなければならない場合があり、その支援の形にも様々なパターンがある。参考までに2012年度末までに全国の中小企業再生支援協議会（以下「協議会」とする）で実施された手法は以下のとおりである。

金融支援の手法

金融支援	累積		今回公表分	
	企業数	割合	企業数	割合
債務免除の実施	677	14.4%	26	2.3%
・直接放棄	288	6.1%	3	0.3%
・譲渡・分割による第二会社方式	389	8.3%	23	2.0%
金融機関、取引先からの借入金の株式化（DES）	60	1.3%	1	0.1%
金融機関による借入金の資本的劣後ローン（DDS）	246	5.2%	40	3.5%
協議会版資本的借入金	96	2.0%	31	2.8%
金融機関による条件変更（リスケジュール）	3,696	78.5%	1,072	95.1%
2005年税制改正適用	31	0.7%	0	0.0%
RCCや債権管理会社からの卒業	173	3.7%	1	0.1%
ファンド活用	170	3.6%	12	1.1%
※完了案件総数	4,711		1,127	

（注）上記手法を複数実施している案件がある
中小企業金融課「中小企業再生支援協議会の活動状況について～平成24年度第4期半期」
（htpp://www.smri.go.jp/keiei/dbpsdate/material/common/chushou/bkeiei/saisei/pdf/katsudo/shihanki/H250814saiseikatsudo.pdf）より引用
※「累積」が2013年3月末までの合計数を表し、「今回公表分」が2013年1月から2013年3月末までの件数を表している。

　件数として最も多く行われているのは支払期限の延長（いわゆる「リスケジュール」）であり（累積78.5％）、その他に債務の資本性劣後化（いわゆる「DDS：Debt Debt Swap」。上表では「金融機関による借入金の資本的劣後

ローン（DDS）」及び「協議会版資本的借入金」が該当し、累計7.2%）、債務の資本化（いわゆる「DES:Debt Equity Swap」。累計1.3%）、債務免除（累計14.4%）がある。

　いずれの場合にも、企業の自己努力により当初の借入約定通りに返済できる借入は返済していき、自己努力を超える部分について金融支援を求める形となっている。

　このうち、企業の収益力が将来回復することに対する課税所得の増加に対しては、繰越欠損金が期限切れとならないように、可能な限り繰越欠損金の利用を計画化し、将来の税金支出を抑えることが必要となる。こうすることで、税金支出が回避された資金を借入金の返済に充当し、企業の財務健全化を早期化することができる。この企業収益力が回復することに対するタックス・プランニングは、どの金融支援を受ける場合にも共通するテーマとなり、主に以下の点の理解が必要となる場合が多い。

　① 将来の利益計画（課税所得の発生時期の検討）
　② 将来の資産売却計画（将来の一時的な損金・益金の計上の検討）
　③ 繰越欠損金の繰越期間
　④ 減価償却費の損金算入限度額
　⑤ 過去の不良債権・不良資産等の計上に関する更生手続（繰越欠損金の発生年度の修正）
　⑥ 組織再編税制（グループ内の繰越欠損金の利用可能性）

　一方、債務免除及びDESについては、これらの金融支援を受けることにより支援企業は多額の益金が発生し、繰越欠損金の額を大きく超える場合がある。このため、これらの金融支援に対しては、一定の要件を設定した上で、資

産の含み損益の損金益金算入や期限切れ欠損金の利用、DESの取扱いの明確化等、特段の税務上の取扱いを定め、「企業再生税制」としている。

第2節　債務免除額の考え方

前節にて「企業再生税制」の必要性を述べたが、ここでは企業再生税制にて検討対象となる債務免除額算定の考え方を記載する。なお、あくまでも私的整理手続における一般的な事例を前提とする。

債務免除額算定の考え方

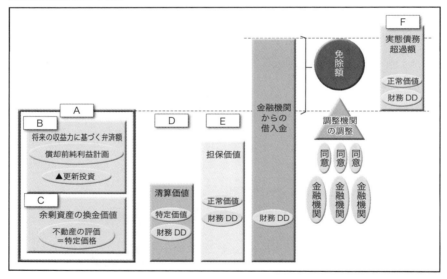

A.「金融機関への弁済額」は、「将来の収益力に基づく弁済額（B）」と「余剰資産の換金価値（C）」から構成される。

B.「将来の収益力に基づく弁済額」は、将来に亘る"（償却前純利益－事業維持に必要な更新投資）×70%〜80%"として計算される。

- 「将来の収益力に基づく弁済額」は、将来収益力ひいては課税所得の増加を前提にしたタックス・プランニングを考慮する必要がある。
- 「将来の収益力に基づく弁済額」は、償却前純利益計画から更新投資計画に基づく更新投資額を控除して算定される。
- このうち、更新投資計画については、温泉旅館・ホテル業等、設備投資・修繕投資の額が多額になる可能性がある業種の場合、エンジニアリングレポートを取得し、これに基づいて投資の額の妥当性を検討する場合がある。

C. 「余剰資産の換金価値」は、将来に亘り継続させる事業（コア事業）に必須でない資産の換金価値として計算される。具体的には次のとおり。

- 手元資金の内、事業に最低限必要な資金水準を超える金額
- コア事業でない売却可能な事業そのものの売却価値
- コア事業以外の不動産の売却価値。売却金額が既に契約等で確定していればその金額とし、売却先が具体化していない場合には、不動産鑑定評価の特定価値とする場合が多い。
- コア事業に関係しない有価証券等の処分価値。
- なお、上記換金価値は、売却価値から売却のために必要な経費及び税金を差引いた、支援企業の手取額となる。

D. 「金融機関への弁済額」は、仮に会社を清算した場合に得られる清算配当額を、超えていなければならない。

- この清算配当額との比較は、関係金融機関が支援対象企業を支援しない場合よりも支援した方が経済的に有利であることを、確認するための手続きである。従って、清算配当額との比較は、ここの金融機関毎に比較しなければならない。

- なお、この場合における不動産の評価額は、早期売却を行った場合に想定される特定価格によることになり、正常価格の60%から70%の水準になる場合が多い。
- また、清算手続の他、民事再生手続による場合との比較も併せて行うことで、私的整理手続を採用することが最も経済合理性がある方法であると確認することが必要となる。

E. 「金融機関への弁済額」は、担保価値により保全されている債権額を超えていなければならない。
- 金融機関が支援を行おうとしても、その債権額が担保物件により大部分が保全されている場合には、金融機関にとってもともと回収可能であった部分を自ら放棄することができない。仮に自ら放棄した場合、税務的には寄付金の問題、会社法的には役員の過剰支援の責任が問題となる可能性があるからである。
- 従って、各行の債務免除額の負担割合を計算する場合には、保全されていない債権金額の割合（非保全プロラタ）にて決定していく。

F. 金融機関による債務免除は、支援企業の実質債務超過の範囲内でしか行えない。
- 支援対象企業の実質債務超過か債務免除により資産超過となる場合にも、税務的には寄付金の問題、会社法的には役員の過剰支援の責任が問題となる可能性がある。このため、金融機関による債務免除は、支援企業の実質債務超過の範囲内でしか行えない。

G. 債務免除の実施は、支援する金融機関の範囲の合理性及び負担額の合理性が求められ、すべての支援金融機関の同意が得られる範囲内で行われる。

・支援を行う金融機関の間でのバランスについても、税務的には寄付金の問題、会社法的には役員の過剰支援の責任が問題となる可能性がある。
・この部分では、特に協議会等の調整機関の役割は大きく、協議会等により計画の精査が行われ、企業と金融機関団及び金融機関相互の公平性を図るための調整が行われている。

　以上、債務免除額を検討するにあたっての一般的な論点を記載した。現実的には、個々の金融機関と支援対象企業との関係の経緯、金融機関相互の関係等、様々な状況がある。従って、個々の案件における最終的な支援の形は、上述した内容と異なる場合があることに留意しなければならない。

第3節　企業再生税制の拡充の必要性

　これまで、リーマン・ショック後の極めて厳しい金融経済情勢の下、中小企業者等の資金繰りを支援するため、金融機関がこれまで以上に金融仲介機能を発揮し、貸付条件の変更等に積極的に取り組むよう、金融機関に対して、貸付条件の変更等の努力義務等を課す中小企業金融円滑化法（以下「金融円滑化法」とする）が制定された。この金融円滑化法の下、金融機関による貸付条件の変更等の実行率が9割を超える等、その取組みは定着していた。
　一方、条件変更を繰り返し行っている借り手が最近では約8割に上っており、また、貸付条件の変更等を受けたものの経営改善計画が策定できていない借り手が増加していた。このため、金融円滑化法の再々延長は行わず、むしろ中小企業等の真の経営改善等を図ることが喫緊の課題となっていた。

第Ⅱ部　企業再生に係る私的手続と税務及び金融機関関係

　このような状況において、政府としては、個々の借り手の状況に応じたきめ細やかな支援を行うよう様々な施策を推進するとともに、その周知に努める等、中小企業等に対する支援に全力を尽くしていく方針とした。このような考え方に基づき、2013年度税制改正において、企業再生税制による中小企業再生の円滑化を図るための特例を措置することとなった。

　具体的には、「企業再生ファンドによる中小企業の再生」「評価損益の対象資産の範囲拡大」「期限切れ欠損金の損金算入規定の整備」である。これらについては、後節の関連箇所にて述べていく。

第4節　企業再生税制の対象スキーム

　第2節にて私的整理の場合における債務免除額の算定について述べた。企

企業再生税制の概要

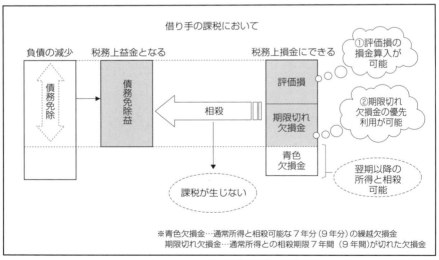

金融庁「中小企業の再生支援に係る税制措置について」
（http://www.fsa.go.jp/policy/shokenzeisei/05.pdf）より引用

業はこの債務免除額に相当する益金を損金や繰越欠損金と相殺し、課税所得を発生しようにしなければならない。なぜなら、前述したとおり、支援企業において単に税金を支払えばよいという問題に留まらず、支援を行う金融機関において寄付金課税の問題や過剰支援による役員への会社法上の責任の問題となるからである。

一般的に多額になる債務免除益に対して、繰越欠損金だけでは免除益に対する課税を避けることができない場合が多いことから、資産の含み損益の損金益金算入や期限切れ欠損金の利用といった企業再生税制が設けられている。

まず、対象となるのは、支援再生企業について再生計画認可の決定が合った場合や「これに準ずる事実」が生じた場合である。この「これに準ずる事実」とは、一般に公表された債権処理を行うための手続についての準則に従って、債務処理計画が策定されていること等の要件を満たす一定の私的整理に限られている。

本件に関して、国税庁は以下の見解をホームページ上に公開している。

民事再生法の法的整理に準じた私的整理とは

【照会要旨】
　平成17年度税制改正で手当てされた企業再生税制では、民事再生法の法的整理に準じた一定の私的整理において債務免除が行われた場合には、期限切れ欠損金を青色欠損金等に優先して控除できることになりましたが、この制度の対象となる「民事再生法の法的整理に準じた一定の私的整理」とはどのようなものをいうのでしょうか。

【回答要旨】
　迅速な企業再生を支援する観点から、民事再生法の法的整理に加え、これに準ずる一定の要件を満たす私的整理において債務免除等が行われた際、その債務者である法人について、(1) 資産の評価益の額又は評価損の額を益金の額又は損金の額に算入する措置（法25③、33④）と (2) 上記 (1) の適用を受ける場合に繰越欠損金額の損金算入について青色欠損金額等以外の欠損金額（債務免除益等の額に達するまでの金額に限ります。）を優先する措置が講じられています。
　この企業再生税制の適用対象となる「民事再生法の法的整理に準じた一定の私的整理」とは、次の要件を満たすものとされています（令24の2①、68の2①）。

第Ⅱ部　企業再生に係る私的手続と税務及び金融機関関係

1　一般に公表された債務処理を行うための手続きについての準則（公正かつ適正なもので、特定の者が専ら利用するためのものでないもの）に従って再生計画が策定されていること。
2　公正な価額による資産評定が行われ、その資産評定に基づく実態貸借対照表が作成されていること。
3　上記2の実態貸借対照表に基づく債務超過の状況等により債務免除等をする金額が定められていること。
4　2以上の金融機関が債務免除等をすることが定められていること（政府関係金融機関、株式会社企業再生支援機構（以下「機構」といいます。）又は株式会社整理回収機構（以下「RCC」といいます。）は単独放棄でも可）。
（注）再生計画が上記1の準則に従って策定されたものであること並びに上記2及び3に掲げる要件に該当することにつき第三者機関等が確認する必要があります（令24の2①一ロ、規8の6①）。

なお、私的整理に関するガイドライン研究会、RCC、中小企業庁、経済産業省及び機構からは、迅速な企業再生を遂行するために、私的整理に関するガイドラインの一部改定等を行った上で、次のような事前照会が行われており、それに対する国税庁からの文書回答により、私的整理に関するガイドライン及び同Q&A、RCCが定める準則、中小企業再生支援協議会（中小企業庁）が定める準則、特定認証紛争解決手続及び機構が定める準則は上記1の準則に該当することが確認されています。

・平成17年5月11日回答「私的整理に関するガイドライン及び同Q&Aに基づき策定された再建計画により債権放棄等が行われた場合の債務者側の税務上の取扱いについて」
・平成17年6月30日回答及び平成24年3月28日『中小企業再生支援協議会の支援による再生計画の策定手順（再生計画検討委員会が再生計画案の調査・報告を行う場合）』に従って策定された再生計画により債権放棄等が行われた場合の税務上の取扱いについて」
・平成17年8月26日回答及び平成23年9月29日『RCC企業再生スキーム』に基づき策定された再生計画により債権放棄等が行われた場合の債務者側の税務上の取扱いについて」
・平成20年3月28日及び平成21年7月9日回答「特定認証紛争解決手続に従って策定された事業再生計画により債権放棄等が行われた場合の税務上の取扱いについて」
・平成21年11月6日回答「株式会社企業再生支援機構が買取決定等を行った債権の債務者に係る事業再生計画に基づき債権放棄等が行われた場合の税務上の取扱いについて」

【関係法令通達】
　法人税法第25条、第33条、第59条
　法人税法施行令第24条の2、第68条の2
　法人税法施行規則第8条の6

注記
　平成24年7月1日現在の法令・通達等に基づいて作成しています。
　この質疑事例は、照会に係る事実関係を前提とした一般的な回答であり、必ずしも事案の内容の全部を表現したものではありませんから、納税者の方々が行う具体的な取引等に適用する場合においては、この回答内容と異なる課税関係が生ずることがあることにご注意ください。
　　　　国税庁（http://www.nta.go.jp/shiraberu/zeiho-kaishaku/shitugi/hojin/14a/01.htm）より引用

企業再生税制の対象となる私的整理と
それ以外の私的整理における税務上の取扱いの違い

【照会要旨】
　当社は製造業を営む法人ですが、今般、中小企業再生支援協議会の支援を受けて再生計画を策定することとなりました。この再生計画は、取引金融機関がＡ銀行１行のみであることから、「中小企業再生支援協議会の支援による再生計画の策定手順（再生計画検討委員会が再生計画案の調査・報告を行う場合）」（以下「中小企業再生支援協議会が定める準則」といいます。）によっているものの、企業再生税制の要件を満たしておりません。
　この場合であっても、本件再生計画は合理的な再生計画に該当するものとして、債権放棄をしたＡ銀行にあっては寄附金に該当せず、また、債務免除を受けた当社にあっては、期限切れ欠損金の損金算入規定の適用ができると考えてよろしいでしょうか。

【回答要旨】
1　ご照会の場合は、中小企業再生支援協議会が定める準則に従って策定された再生計画により債権放棄等が行われるものですが、債権放棄を行う金融機関がＡ銀行１行のみであることから、当該再生計画において「２以上の金融機関が債務免除等をすることが定められていること（政府関係金融機関、株式会社企業再生支援機構又は株式会社整理回収機構は単独放棄でも可）」という要件を満たさず、企業再生税制の適用はありません（平成17年度税制改正で手当てされた企業再生税制の概要については、前問の【民事再生法の法的整理に準じた私的整理とは】を参照）。
2　しかしながら、従来から、法人がその子会社等に対して債権放棄等をした場合において、その債権放棄等が例えば業績不振の子会社等の倒産を防止するためにやむを得ず行われるもので合理的な再建計画に基づくものであるなど、その債権放棄等をしたことについて相当な理由があると認められるときには、その債権放棄等により供与する経済的利益の額は、寄附金の額に該当しないものとする（法基通９−４−１、９−４−２）との取扱いがあり、また、債務者側の取扱いとして、その債務免除等が多数の債権者によって協議の上決められる等その決定について恣意性がなく、かつ、その内容に合理性がある（合理的な再建計画に基づくもの）と認められる資産の整理があった場合には、原則として、期限切れ欠損金の損金算入規定の適用ができることとされています（法基通12−３−１(3)）。
　なお、このような合理的な再建計画に該当するか否か等については、次のとおり事前照会が行われ、国税庁から文書による回答がなされています。

・平成13年９月26日回答「『私的整理に関するガイドライン』に基づき策定された再建計画により債権放棄等が行われた場合の税務上の取扱いについて」
・平成15年７月31日回答「中小企業再生支援協議会で策定を支援した再建計画（Ａ社及びＢ社のモデルケース）に基づき債権放棄が行われた場合の税務上の取扱いについて」
・平成16年３月24日回答「『RCC企業再生スキーム』に基づき策定された再生計画により債権放棄等が行われた場合の税務上の取扱いについて」
・平成20年３月28日及び平成21年７月９日回答「特定認証紛争解決手続に従って策定された事業再生計画により債権放棄等が行われた場合の税務上の取扱いについて」
・平成21年11月６日回答「株式会社企業再生支援機構が買取決定等を行った債権の債務者に係る事業再生計画に基づき債権放棄等が行われた場合の税務上の取扱いについて」

3　ご照会の場合、上記1のとおり企業再生税制の適用はありませんが、本件再生計画が上記平成15年７月31日付の回答にあるような合理的な再生計画に該当するものであれば、債権放

棄をした A 銀行にあっては寄附金に該当せず、また、債務免除を受けた貴社にあっては期限切れ欠損金の損金算入規定の適用ができると考えられます（なお、この場合には、法人税法第59条第2項第3号には該当しませんので、期限切れ欠損金を青色欠損金等に優先して控除することはできません。）。

　なお、その再生計画が合理的な再生計画に該当するか否かなど具体的な事前照会については、国税局の審理課（東京、関東信越、名古屋、大阪の各国税局課税第一部）、審理官（札幌、仙台、金沢、広島、高松、福岡、熊本の各国税局課税（第一）部）、沖縄国税事務所では法人課税課又は調査課でご照会に応じています。

【関係法令通達】
　法人税法第25条、第33条、第59条
　法人税法施行令第24条の2、第68条の2、第117条
　法人税基本通達9－4－1、9－4－2、12－3－1(3)

注記
　平成24年7月1日現在の法令・通達等に基づいて作成しています。
　この質疑事例は、照会に係る事実関係を前提とした一般的な回答であり、必ずしも事案の内容の全部を表現したものではありませんから、納税者の方々が行う具体的な取引等に適用する場合においては、この回答内容と異なる課税関係が生ずることがあることにご注意ください。

国税庁（http://www.nta.go.jp/shiraberu/zeiho-kaishaku/shitugi/hojin/14a/02.htm）より引用

　従って、企業再生税制の対象となる私的整理手続きとは、以下のスキームによる場合を指す。

　①「私的整理に関するガイドライン」及び同Q&Aに基づき策定された再建計画
　②「協議会の支援による再生計画の策定手順（再生計画検討委員会が再生計画案の調査・報告を行う場合）」に従って策定された再生計画
　③「RCC企業再生スキーム」に基づき策定された再生計画
　④特定認証紛争解決手続に従って策定された事業再生計画
　⑤㈱企業再生支援機構（「㈱地域経済活性化支援機構」に改組）が買取決定等を行った債権の債務者に係る事業再生計画

　上記手続のうち、②「協議会の支援による再生計画の策定手順（再生計画

検討委員会が再生計画案の調査・報告行う場合）に従って策定された再生計画」とは、協議会の手続の流れのうち、「2005 年税制改正適用」と呼ばれるものである。協議会が一般的に行っている、企業（アドバイザーを含む）をメイン行が支援しながら策定した再生計画（案）に対し、協議会が検証しながら

> Q7 再生計画において、法人税法第 25 条第 3 項及び第 33 条第 4 項（平成 17 年度税制改正によるいわゆる資産評価損益の計上）並びに同法第 59 条第 2 項第 1 号（同改正によるいわゆる期限切れ欠損金の優先利用）の適用を受ける場合の手続はどのようになりますか？
>
> A 法人税法第 25 条第 3 項及び第 33 条第 4 項（平成 17 年度税制改正によるいわゆる資産評価損益の計上）並びに同法第 59 条第 2 項第 1 号（同改正によるいわゆる期限切れ欠損金の優先利用）の適用を受ける再生計画を策定する場合は、本基本要領に定められた手順ではなく、中小企業庁が別に定めた「中小企業再生支援協議会の支援による再生計画の策定手順（再生計画検討委員会が再生計画案の調査・報告を行う場合）」に定められた手順に従う必要があります。同策定手順は、一時停止の通知、再生計画検討委員会の設置、「実態貸借対照表作成に当たって評価基準」に基づいた資産評定などの点で、本基本要領に定められた手順（協議会スキーム）と異なります。

「『中小企業再生支援協議会事業実施基本要領』Q＆A」
(http://www.chusho.meti.go.jp/keiei/saisei/2012/download/0521Kyougikai-2.pdf) より引用

金融調整をしていく手続の流れとは、下記のとおり異なる部分がある。

　全国の協議会で 2013 年 3 月末時点までに行われた債務免除の実施は 677 件だが、そのうち「再生計画検討委員会が再生計画案の調査・報告を行う場合」（2005 年税制改正適用）は 31 件に留まり、あまり利用されていない。これは、上記委員会手続の煩雑さや資産の評価損益の計上対象制限（後述）が要因と考えられる。一方で、「譲渡・分割による第二会社方式」は 389 件となっており、協議会における免除スキームの過半数を占めている。これは、第二会社方式により旧会社の各種リスクが新会社に引き継がれにくいこと、及び手続きに対する各種支援措置の効果があるものと考えられる。

　また、金融円滑化法の終了を受け、中小企業者について 2013 年 4 月 1 日から

2016年3月31日までの間に、次の再生計画認可の決定があったことに準ずる事実が生じた場合にも、企業再生税制が適用されることとなった。

　⑥ 2013年4月1日から2016年3月31日までの間、2つ以上の金融機関等が有する中小企業者に対する債権が、合理的な再生計画によって特定投資事業有限責任組合（企業再生ファンド）に譲渡された上で債務免除が行われた場合（措法67の5の2、措令39の28の2、改正法附則70）

　なお、「特定投資事業有限責任組合契約」とは、中小企業の事業の再生を支援することを目的とするものであること、その他の中小企業に対する金融の円滑化を図ることにより、その事業の再生を支援するための基準に適合するものとして、総理大臣及び経済産業大臣が指定する投資事業有限責任組合契約とされている。

　更に、㈱東日本震災事業者再生機構から国税庁に事前照会が行われ、同機構が買い取り決定等を行った債務者に係る事業再生計画に基づき債権放棄等が行われた場合にも、企業再生税制の適用対象となるかについて問い合せが行われている。これに対して国税庁より、2013年6月26日に付にて、企業再生税制の対象となることに差し支えない旨の回答がなされている。（http://www.nta.go.jp/shiraberu/zeiho-kaishaku/bunshokaito/hojin/130626/index.htm）

　⑦ 東日本震災事業者再生機構機構が買い取り決定等を行った債務者に係る事業再生計画に基づき債権放棄等が行われた場合

第5節　資産の含み損益に関する損金益金算入

　前述のとおり、支援企業について再生計画認可の決定があったこと、及びこれに準ずる事実が生じた場合には、資産の評価益または評価損が益金または損金の額に算入されることになっている。そして、この制度の手続要件として、確定申

告書に評価損明細又は評価益明細の記載があり、かつ、評価損関係書類または評価益関係書類の添付があることが必要となっている（法法25、33、法規8の5、22の2）。

この評価損益の対象資産から、評価差額が少額なものが除外されていたが、この「評価差額が少額なもの」の判断基準として、

① 評価差額が資本金等の額の1/2
② 1,000万円。有利子負債が10億円未満の法人の場合には、100万円のいずれか少ない金額に満たないものが「少額なもの」として損金益金算入の対象から除外されていた。

この評価差額が少額の資産を損金益金算入対象から除外する規定は、時価算定の公正性の担保について疑義があること等の理由により設けられていた。しかし、支援企業の規模や業種等によっては、一単位当たりの評価差額が100万円未満である資産を大量に保有している場合もあり、この場合には評価差額100万円の定額基準の存在により評価損益の計上ができず、企業再生の実務に支障があった。この支障を回避するため、企業再生税制に変わる代替手法として第二会社方式が採用されるケースがあった。

今回の改正ではこの除外規定が廃止され、今後は、こうした場合においても評価損を計上することができるようになった。なお、取得時に取得価額が損金に算入された資産（少額資産及び一括償却資産）が評価損益の対象となることを避けるため、これらの資産は評価損益の対象とならない規定が新設されている。（法令24の2④、68の2③、改正法令附則3）

この改正は、2013年4月1日以後に再生計画認可の決定があったこと、及びこれに準ずる一定の事実が生ずる場合について、適用される。

第6節　中小企業再生支援協議会の資産評定基準

　協議会の財務実態調査（財務デューデリジェンス）においては2012年3月21日の改訂前までは、右記の「評価基準」に基づいて行われている。

　「協議会の支援による再生計画の策定手順（再生計画検討委員会が再生計画案の調査・報告を行う場合）」はもちろんのこと、この場合でなくても債務免除等を伴う場合やDES、DDS等といった、金融機関が抜本的な支援を行う場合には、右の基準に準拠した方法により財務実態調査が行われ、そのことを協議会が検証する形となっている。

　なお、財務実態調査を行う中で上記の基準に当てはまらない事象が生じた時には、財務実態調査担当者は、事実状況、取引慣行、保守性及び説明の合理性を背景に評価の論理構成を行って、実態価値の評価を行っていくことになる。

　ただし、金融機関が抜本的な支援を行わないリスケジュールによる場合には、次の表のとおりで簡便的な取扱いがなされる場合もある。

　このような簡便な処理を行う背景は、あくまで支援がリスケジュールであって、債務免除等の額が実態純資産に基づいて決められるわけではなく、手続にできる限り費用をかけず迅速に行う観点から、関係者間の合意を前提に、上記簡便的取扱いになっている。

　なお、売掛債権及び棚卸資産の財産評定は、企業再生税制や更正の請求といった税務上の問題もあるが、仮にこれらの科目に粉飾があった場合に、過去の正常収益力に歪みを生じることになる場合があるため、留意が必要である。

　即ち、売掛債権（建設業における完成工事未収入金を含む）の過大計上は売上高の過大計上に繋がっている可能性がある。棚卸資産の原材料の過大計上は製造原価（建設業における工事原価）の材料費の過少計上に繋がっている可

実態貸借対照表作成に当たっての評価基準

科　目	評価基準
売上債権 (受取手形・売掛金・完成工事未収入金)	① 原則として、相手先別に信用力の程度を評価し、回収可能性（注）に応じて減額する額を決定する。 　・信用力の高い先に対する債権は減額不要。 　・不渡手形およびその他回収不能の債権は、当該額を減額する。 　・決算日後に大口販売先の倒産が判明した場合には、実態にあわせて損失見込額の調整を行う。 （注）次の事象が確認できる場合、回収可能性は低い、またはなしと判断する。 　　　破産、回収遅延、減額要請、休業、店舗閉鎖、行方不明、等。 ② 関係会社宛売上債権については、清算予定会社宛債権は全額減額し、その他の債権は財務内容を把握し、回収可能性に応じて減額する額を決定する。 　・財務内容の把握の結果、当該関係会社が債務超過である場合には、当該関係会社向け債権を債務超過額まで減額（複数の勘定科目に亘る場合には流動性の低い勘定科目から減額）する。 　・債務超過額が債権の減額合計額を上回っており、当該関係会社の債務保証を行っている場合あるいは追加支援が発生する懸念が大きい場合には、債務保証額あるいは追加支援額を上限として債務超過額に対する債権の減額合計額の不足分を保証債務として負債に計上する。
棚卸資産	① 陳腐化したり破損した棚卸資産について評価損を計上していないことが判明した場合には、評価損相当額を減額する。 ② 不良在庫、評価損のある在庫等は適切な評価額に調整する。
前払費用	① 原則として全額減額する。 ② 但し、前払家賃、前払利息等のように翌期以降に役務の提供を受けなければ返還されるべき性質の前払費用で、役務提供契約の解除が確定しており、払い戻しによる受取額が算定できる場合は、当該額の減額は不要。 ③ また、オートリース業における自動車保険料、自動車税等、中途解約が不可であるために取引先からの回収を想定できるもの（立替金に近い性格のもの）は、「売上債権」の算定方法に準じて調整する。

第Ⅱ部　企業再生に係る私的手続と税務及び金融機関関係

科　目	評価基準
貸付金 (短期貸付金・関係会社短期貸付金・関係会社長期貸付金・長期貸付金)	① 貸付金は、売上債権等に比較して固定化する可能性が高いことに鑑み、原則として、貸付先の決算書入手等により財務内容を把握すること。その上で、回収可能性に応じて減額する額を決定する。具体的には、「売上債権」②関係会社宛債権に準じて調整を行う。 ② ノンバンクで全貸付先の決算書入手が困難な場合は、関係会社宛貸付金を除いて、一般の売上債権の算定方法に準じて調整する。 ③ 回収可能性が不明確な役員宛貸付金は、全額減額する。 ④ 福利厚生のための住宅取得金等の従業員宛貸付金は、減額不要とする。
未収入金・仮払金・その他の流動資産	① 調整は「売上債権」の調整方法に準じる。 ② 仮払金の内、本来費用処理されるべきものは減額する。
有形固定資産	① 再建計画において、継続して使用予定の物件は時価（法定鑑定評価額、またはそれに準じた評価額）に調整する。売却予定の物件は、早期売却を前提とした価格等に調整する。 ② 建設仮勘定は原則として調整不要。但し、建設計画が頓挫している場合、据付が完了していれば建物、機械等は時価で評価し、発注先への前渡金であれば「売上債権」の調整方法に準じて調製する。 ・尚、収益還元方式で入居保証金等の要返還額を差し引いて評価した場合は、要返還額を「その他固定負債」等の適切な負債項目から減額する。
無形固定資産	① 借地権は、有形固定資産に準じて調整するが、含み損益を調整する場合は底地の時価に借地権割合を考慮して評価する。 ② 借地権以外の無形固定資産（電話加入権、特許権・商標権等の工業所有権、ソフトウエア等）のうち、価値の見込めないものは全額減額する。
有価証券・投資有価証券	① 市場性のある有価証券は含み損益の調整を行う。 　・原則、算定時点の時価で評価する。 ② 市場性のない株式（出資金）は関係会社株式の調整方法に準じる。 ③ 市場価格が明らかでない社債等は、「売上債権」に準じて評価する。

科　目	評価基準
関係会社株式	関係会社株式（出資金を含む）は、原則当該先の財務内容の把握を行い、以下により調整額を算定する。 ・業績不振先の株式は原則全額減額。 ・その他の先の株式は、簿価と簿価ベースの持分法評価額のいずれか低い方の金額とする（債務超過先の株式は評価ゼロとなる）。 （注）持分法評価額とは、出資先の［純資産額（自己資本額）／発行済株数］×持株数にて算定した株式・出資金の評価額である。
その他投資	① 長期前払費用は「前払費用」の調整方法に準ずる。 ② ゴルフ会員権のように市場価格があるものは、時価で評価する。 ③ 投資不動産は「有形固定資産」の調整方法に準ずる。 ④ その他については、原則として簿価で評価し、調整は行わない。但し、オフバランス処理した不動産受益権等は、関係会社株式の調整方法に準じる。
繰延税金資産・繰延税金負債	・見合いの資産の評価の調整に応じて、必要額を調整する。
繰延資産	・全額評価減することを原則とする。
裏書譲渡手形・割引手形	調整は「売上債権」の調整方法に準ずる。 ・調整額は負債として計上する。
割賦未実現利益	① 割賦債権に対する貸倒引当金が、割賦債権の長期性を考慮して適正に設定されている場合や、割賦債権に信用力が高い第三者の保証が付されている場合には、割賦未実現利益を減額する。 ② 但し、割賦未実現利益の内、金利相当分及び事務管理のアフターコスト相当分は将来確実に費用となることが見込まれるため減額しない。
賞与引当金・その他短期引当金・その他長期引当金	① 賞与引当金等の支払が確実に発生すると予想される負債性引当金は減額しない。 ② 返品調整引当金のように将来債務に対する引当を行っている場合で、資産側で当該引当と同内容の減額を行った場合は、引当金計上額を限度として、その減額した額と同額の減額を行う。
貸倒引当金	① 回収不能見込額を個別に引当した貸倒引当金については、その見合い債権の評価損を減額している場合に限り、減額する。 ② 見合い債権を特定できない貸倒引当金については、①を除く債権の評価損の範囲内で減額する。

第Ⅱ部　企業再生に係る私的手続と税務及び金融機関関係

科　目	評価基準
退職給付引当金	退職給付債務の積立不足額は全額を負債とみなす。
保証債務	① 保証債務（注記されていない保証債務も含む）については、単体では債務履行能力に不安がある先に対して保証が必要となることに鑑み、原則として、保証先の決算書入手等により財務内容を把握し、履行可能性に応じて調整額を決定する。具体的には、「売上債権」②関係会社宛債権に準じて調整を行い、必要額を負債に計上する。 ② 尚、決算以降に保証履行した、保証履行請求をされている、または保証履行請求される可能性が高い保証債務（注記されていない偶発債務も含む）がある場合、当該額と①で算定した必要額のいずれか大きい金額を負債に計上する。 ③ 業況不振先に対する担保提供等で履行する恐れの高い偶発債務（注記されていない偶発債務も含む）も負債に計上する。

・この評価基準は、会計上への反映を予定しているものではない。
・直近決算期の貸借対照表を基に、その後の大きな変動を反映し、極力最新の評価により行うことを原則とする。
・上記に記載のない科目の調整や、DCF法やEBITDAマルチプル法などその他の合理的な評価方法の適用を妨げるものではない。（ただし、その他の評価方法を適用した合理的な理由を付記する。）

「中小企業再生支援協議会の支援による再生計画の策定手順
（再生計画検討委員会が再生計画案の調査・報告を行う場合）」
(http://www.chusho.meti.go.jp/keiei/saisei/2005/downlord/170621sakuteitezyun.pdf) より引用
（2012年3月21日改訂前の基準）

能性がある。仕掛品（建設業における未成工事支出金）の過大計上は製造原価（建設業における完成工事原価）の過少計上に繋がっている可能性がある。

　支援企業の正常収益力を検討するにあたっては、一般的に過去3期の損益計算書を確認する場合があるが、売上債権及び棚卸資産の水準に異常値が見

科　目	原則的な取扱い	簡便的な取扱い
有形固定資産	① 再建計画において、継続して使用予定の物件は時価（法定鑑定評価額、またはそれに準じた評価額）に調整する。 売却予定の物件は、早期売却を前提とした価格等に調整する	① 再建計画において、継続して使用予定の物件は時価（土地については固定資産税評価額、建物については固定資産税評価額もしくはその70％の金額）に調整する。 売却予定の物件は、不動産鑑定評価の特定価格もしくは上記継続使用予定物件の60％の評価額に調整する。

られる場合、もしくは、過去数年純利益が僅かながら黒字で推移している場合には、何かしらの粉飾があるものと考えて分析すべきである。

第7節　期限切れ欠損金の利用

ここでは、企業再生税制が適用される場面における期限切れ欠損金の利用について述べる。

企業再生税制が適用場面においては、まず、その有する資産の評価損及び評価益の額をその特定の事実が生じた日の属する事業年度に計上することができる（法法25、33）が、その上で、繰越欠損金のうち、青色欠損金及び災害損失欠損金以外のもの（いわゆる期限切れ欠損金）を優先して控除することとされている（法法59、法令118）。

即ち、繰越欠損金が残っている状態で債務免除等を受け、多額の益金が発生した場合、最初に資産の含み損益を損金益金算入して債務免除益の減殺を行い、次に期限切れ欠損金を残った債務免除益の減殺に充てる。それでも債務免除益が残る場合には青色欠損金を充当し、青色欠損金が残る場合に

は翌年度以降の課税所得と相殺してくことで、企業再生を行い易くしようというものである。

この期限切れ欠損金は、具体的には法人税申告書「別表5（1）」における「期首現在利益積立金額①」の「差引合計31」の金額から、「別表7（1）」における「青色欠損金」および「災害損失欠損金」を除いた金額である。

第8節　青色欠損金の利用制限

企業再生税制の対象スキームは前述したとおりだが、対象企業の規模により、青色欠損金控除規定の適用状況が異なってくる。

2011年度税制改正により、支援企業が「中小法人等」である場合を除き、青色欠損金の繰越控除限度額は控除前の所得金額の80％とされ、控除前の所得金額の20％相当額が課税所得とされることになっている。

ここで「中小法人等」とは、以下の各法人を指す。

①普通法人のうち、各事業年度終了の時において資本金の額、もしくは出資金の額が1億円以下であるもの、または資本、もしくは出資を有しないもの（相互会社等、相互会社等の100％小法人及び資本金の額、もしくは出資金額が5億円以上の法人の100％小法人を除く）

②公益法人等

③協同組合等

④人格のない社団等

支援企業ついて再生計画認可の決定があったこと、及びこれに準ずる事実が生じた場合で、その支援企業が中小法人等に該当せず、青色欠損金及び期限

切れ欠損金の控除前の所得金額が債務免除益相当額を超える時は、その超える部分については、通常の所得金額と同様にその額の20％相当額が課税所得とされる。

この改正は、2011年4月1日以後の再生計画認可の決定があったことに準ずる一定の事実が生ずる場合について、適用された。

なお、支援企業が上記定義に該当する中小法人等である場合には、青色欠損金の控除限度80％規定は適応されないため、従前の取扱いのままとなっている。

第9節　DESの取扱いの明確化

DES（Debt Equity Swap）とは、債権者側からは「債権者が債務者に対して有する債権を、債務者が発行する株式に振り替えること」である。一方、債務者側からは「債権者に対する債務（Debt）を資本金（Equity）に振り替える（Swap）こと」であり、「債務の株式化」である。

2006年度税制改正において、支援企業のDESによる自己宛債権の現物出資（法法2⑭に規定する適格現物出資を除く。以下同様）に伴い生じた債務消滅益については、債権放棄に伴う債務免除益と同様に期限切れ欠損金を青色欠損金等に優先して控除することができるとされ、企業再生税制の対象となった。

このDESが行われた場合において、支援企業で増加する資本金等の額は、資本金の増加額と「払い込まれた金銭の額及び給付を受けた金銭以外の資産の価額その他の対価の額からその発行により増加した資本金の額又は出資金の額を減算した金額」との合計額（法令81一）となり、「払い込まれた金銭の額」

DESの概要

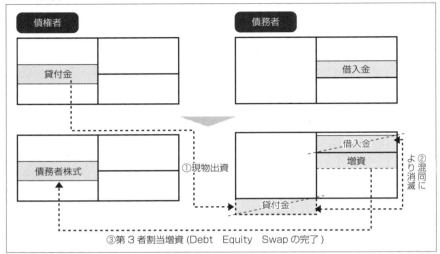

事業再生に係る DES 研究会「事業再生に係る DES 研究会報告書」
(http://www.meti.go.jp/report/downloadfiles/glooll4a01j.pdf) より引用

は無いため、結果として「金銭以外の資産の価額」、すなわちDESによる自己宛債権の時価が資本金等の増加額となる。したがって、上記のDESに伴い生ずる債務消滅益の額は、自己宛債権の額面のうち資本金等の増加額とならなかった部分の金額、すなわち額面と時価との差額になる。

また、2009年度税制改正においては、法法24の2①に規定する、民事再生に準ずる私的整理の事実の要件の一つである2つ以上の金融機関等の「債務の免除」を「債務免除等」に改正してDESが追加されたことにより、DESを利用しやすい環境が整えられた。

しかし、このような制度改正は行われているものの、一方で企業再生に際してDESが行われた場合において給付を受ける債権に付される時価についての具体的な評価方法が不明確であった。この点について、経済産業省経済産業政策局産業再生課長の私的研究会として「事業再生に係るDES研究会」を

開催し、法法24の2①の要件を満たす私的整理の場面においてDESが行われた場合に、債務者が給付を受ける債権及び債権者が交付を受ける株式に付される時価の評価方法を検討し、次の結論に至った。

企業再生税制の適用場面におけるDESの対象となる債権の税務上の評価を行う場合、

　①再生企業の合理的に見積られた回収可能額を算定し、

　②それを基に留保される債権とDESの対象となる債権に分け、

　③DESの対象となる債権の時価を決めることになる。

　　債権者がDESにより取得する株式は、DESの対象となる債権の時価を用いて評価することになる。

具体的には、次の場合に分けられる。

(1) 合理的に回収不可能とされた部分について、DESを行う場合、現物出資債権の評価はゼロとなり、債権の券面額を債務者側の債務消滅益（債権者側では譲渡損）として認識することとなる。

(2) 合理的に回収不可能とされた部分に加え、回収可能とされた部分もDESを行う場合、現物出資債権の評価は回収可能額となる。このため、債権の券面額と回収可能額の差額が債務者側で債務消滅益（債権者側では譲渡損）として認識されることとなる。

(3) 一定期間内に一定金額での償還請求権を債権者に付す等、種類株式が発行される場合、一定期間経過後に再生企業が債権者（＝種類株式保有者）からの求めに応じて一定金額で株式の買い取りを行うのであれば、種類株式の評価額は、償還条件の内容にかかわらず、合理的に算定された再生企業からの回収可能額を原資として償還できる金額とする。

以上の取扱いについて、国税庁へ「企業再生税制適用場面においてDESが行われた場合の債権等の評価に係る税務上の取扱いについて」と題して照会が行われており、国税庁からは2010年2月22日に「貴見のとおりで差し支えありません。」との回答がなされ、その内容は国税庁のホームページで公開されている。
(http://www.nta.go.jp/shiraberu/zeiho-kaishaku/bunshokaito/hojin/100222/)

第10節　第二会社方式の特例

　第二会社方式とは、財務状況が悪化している支援企業の収益性のある事業と返済可能な有利子負債を会社分割や事業譲渡により切り離し、他の事業者（第二会社）に承継させ、また、不採算部門と過剰債務は旧会社に残し、特別清算等の過程で債務が免除されることにより事業の再生を図る方法である。

　支援企業が債務免除を受ける場合、支援企業を存続させたまま債務免除もしくはDESを行う直接放棄等と、第二会社方式により放棄する場合があるが、これら二つの方法を比較すると以下の特徴がある。

　つまり、第二会社方式は直接放棄等と比較すると、従前の営業免許・許可関係の引継に手間が掛かる、登記関係の手続きに手間とコストが掛かるといっ

直接放棄	第二会社方式
・従前の営業免許・許可関係を継続しやすい。 ・従業員の動揺が小さい。 ・登記関係の手続きが簡易で、コストが安く済む。	・実態調査で明確になったリスクを遮断しやすい。 ・免除益課税の問題を解消しやすい。 ・金融機関の協力が得られやすい。 ・スポンサーの支援が得られやすい。

た短所もある。そこで、産業活力の再生及び産業活動の革新に関する特別措置法を制定し、「中小企業承継事業再生計画」の認定制度が創設された。

　この認定制度は、中小企業が第二会社方式による「中小企業承継事業再生計画」を作成し、その計画が一定の基準を満たせば、計画の認定を受けることができるというものである。「中小企業承継事業再生計画」とは、中小企業が会社の分割、または事業の譲渡によりその事業の全部、または一部を他の事業者に承継させるとともに、当該事業者が承継した事業について収支の改善その他の強化を図ることにより、当該事業の再生を図る計画である。

　中小企業承継事業再生計画の認定を受けると下記の3つの支援が受けられる。

　　①営業上必要な許認可を承継
　　②税負担の軽減措置
　　③金融支援

① 営業上必要な許認可を承継

　　第二会社が営業上の許認可を再取得する必要がある場合には、旧会社が保有する事業に係る以下の許認可を第二会社が承継できる。

承継の対象となる許可

- 旅館業の許可（旅館業法第3条）
- 一般建設業の許可・特定建設業の許可（建設業法第3条）
- 一般旅客自動車運送事業の許可〈バス・タクシー〉（道路運送法第4条）
- 一般貨物自動車運送事業の許可〈トラック〉（貨物自動車運送事業法第3条）
- 火薬類の製造の許可・火薬類の販売業の許可（火薬類取締法第3条及び第5条）
- 一般ガス事業の許可・簡易ガス事業の許可（ガス事業法第3条及び第37条の2）
- 熱供給事業の許可（熱供給事業法第3条）
　この他食品衛生法、酒税法、自然公園法の許認可審査が円滑になります。

経済産業省中部経済産業局
「産業活力の再生及び産業活動の革新に関する特別措置法の『中小企業承継事業再生計画』の概要について制度の概要・手続きの流れ等」
(http://www.chubu.meti.go.jp/chuki/sesaku/sesaku_naiyo/04/090622SeidoFlow.pdf)より

営業上の許認可の引継が円滑に行われていないと、事業そのものを法的に継続することができなくなってしまうため、影響は極めて大きい。

上記の営業上の許認可の引継対象となっていない場合でも、個別の業法を確認し、会社分割もしくは事業譲渡を行う場合に営業上の許認可を取る必要があるのかを確認する必要がある。新会社が営業上の許認可を取る必要がある場合には、分割・事業譲渡が行われる前に受皿会社を設立し、受皿会社が先行して営業上の許認可を取得した上で、吸収分割・事業譲渡を行う等、許認可が存在していない期間が無いようにしなければならない。

② 税負担の軽減措置

支援企業の資産の中で不動産の割合が大きい場合、第二会社方式を行うための登録免許税や不動産取得税は、多額にかかる場合があり、第二会社方式による企業再生を図る上で資金繰り上の障害となる場合もある。このため軽減措置が置かれている。

登録免許税の軽減

登記事項			本則税率	軽減税率
商業登記	株式会社の設立又は資本金の額の増加		0.70%	0.35%
	分割による株式会社の設立又は資本金の額の増加	資本金が純増しない部分	0.15%	0.10%
		資本金が純増する部分	0.70%	0.35%
不動産登記	事業譲受による不動産の所有権移転（土地）		1.00%(※1)	1.00%(※1)
	事業譲受による不動産の所有権移転（建物）		2.00%	1.60%
	分割による不動産の所有権移転		0.80%	0.20%

※1 租税特別措置法第72条に基づく優遇税率適用後の税率
経済産業省中部経済産業局「『中小企業継承事業再生計画』の概要について」より

第3章 企業再生税制の拡充

不動産取得税の軽減

取得の形態等	本則税率	軽減税率
事業譲受による不動産の所有権の取得（土地）	3.00%(※2)	2.50%
事業譲受による不動産の所有権の取得（建物）	4.00%	3.33%

※2 地方税法附則第11条の2に基づく優遇税率適用後の税率
経済産業省中部経済産業局「『中小企業継承事業再生計画』の概要について」より

③ 金融支援

　第二会社が必要とする事業を取得するための対価や設備資金等、新規の資金調達が必要な場合、以下の金融支援が受けられる。ただし、各機関毎に審査が必要となる。

日本政策金融公庫の特別融資

設備資金及び運転資金について長期固定金利で融資が受けられる	
金　利	・通常　　　　　：基準金利による貸付け ・特別利率　　　：基準金利－0.9% 　（上限金利については貸付額2億7,000万円までであり、 　　それを超える額については基準金利）
貸付限度	・設備資金　7億2,000万円 ・運転資金　4億8,000万円 （設備資金と合わせて最大7億2,000万円まで）
貸付期間	・設備資金　15年以内 ・運転資金　7年以内

経済産業省中部経済産業局「『中小企業継承事業再生計画』の概要について」より

中小企業信用保険法の特例

	普通保険、無担保保険、特別小口保険に同類の別枠を設けることができる	
通常	・普通保険 ・無担保保険 ・特別小口保険	2億円 8,000万円 1,250万円
拡大 (別枠化)	・普通保険 ・無担保保険 ・特別小口保険	2億円 8,000万円 1,250万円

経済産業省中部経済産業局「『中小企業継承事業再生計画』の概要について」より

本制度の対象となる事業者は、

① 過大な債務を抱え、事業の継続が困難となっている。

② 収益性のある事業を有している。

といった状況にある中小企業 (以下「特定中小企業者」とする) が対象となる。

認定の要件としては、以下の9点を満たす必要がある。

① 特定中小企業者が過大な債務を負っていること等によって財務の状況が悪化していること

・計画終了時点で　Ⓐ有利子負債／CF≦10、Ⓑ経常収支≧0

② 中小企業承継事業再生の実施方法

・既存または新設する事業者への吸収分割または事業譲渡、及び新設分割により特定中小企業者から承継事業者 (第二会社) へ事業を承継するとともに、事業の承継後、特定中小企業者を清算するものであること。

③ 中小企業承継事業再生が円滑かつ確実に実施されると見込まれるものであること

- 公正な債権者調整プロセスを経ていること。債権者調整が適切になされているものを認定するため、公正性が担保されている以下の手続を経ていることを要件とする。
- 再生支援協議会
- 事業再生 ADR（裁判外紛争解決手続）
- 私的整理ガイドライン
- RCC（整理回収機構）企業再生スキーム
- 企業再生支援機構
- 民事再生法　　　……等

④ 第二会社の事業実施における資金調達計画が適切に作成されていること

⑤ 第二会社の営業に許認可が必要となる場合、許認可を取得していること、または取得見込みがあること
- 以下のいずれかを満たすことを要件とする。
- 本支援措置の許認可承継特例を用いて行政庁の同意が得られること
- 第二会社が既に許認可を取得している、または取得する見通しがあること

⑥ 特定中小企業者の経営資源が著しく損失するものでないこと
- 承継される事業に係る従業員の概ね8割以上の雇用を確保（承継時点）
- 計画の実施期間中においても雇用維持を最大限図るよう努力規定を設ける

⑦ 従業員の地位を不当に害するものでないこと
- 従業員との適切な調整が図られていること

⑧ 労使間で以下について十分な話し合いが行われること。
- ・計画の主たる目的が従業員の削減でないか
- ・承継事業の選定が恣意的でないか
- ・第二会社に移行しない労働者の選定が恣意的でないか、その後の雇用の安定には十分な配慮があるか
- ・第二会社に移行した労働者の労働条件が切り下げられていないか

⑨ 取引先の相手方事業者の利益を不当に害するものでないこと
- ・取引先企業への配慮
- ・旧会社の取引先企業の売掛債権を毀損させないこと

第４章　企業と金融機関との関係正常化

第１節　はじめに

　地方の中小企業と地方の金融機関との間では、借り手・貸し手といった立場の違いがあり、それぞれの考え方がなかなか見えない関係にある。また、金融機関の担当者は、１・２年程度で異動になる仕組みとなっていることから、企業との本音ベースの関係を深く築いていくことが簡単ではない。更に、金融機関側は金融行政のルールの変更が数年ごとに行われ、企業（特に業績が良くない中小企業）に対する取引方針に影響を与えている。

　しかしながら、金融機関の担当者は、個々の企業に十分時間を割くことができず、金融のルールが変化したことの説明（＝取引スタンスが変わるのは自行だけではないこと）や経営改善の必要性について十分説明ができてない場合がある。特に経営改善の必要性については、説明の仕方次第では「融資を続けるための稟議の材料」と企業側に受け取られてしまう可能性がある。

　そして実際に中小企業では、経営改善計画書を金融機関が求める水準にあわせて将来の利益計画・返済計画を作成して返済条件の変更を要請し、現実に計画が１期・２期と進捗していくにつれて、計画した利益水準を達成できず、再度返済条件の変更を求める事態が発生している。

　借り手の中小企業も貸し手の金融機関も、中小企業金融円滑化法（以下「金融円滑化法」とする）が存在している間はその場限りの返済条件の緩和・元金棚上げを行い、業績報告や経営改善計画書のやりとりを行ってきた（場合によってはできていなかった）ケースがあった。金融円滑化法が終了する2013年４月以降、この様な企業側は同法の再延長になり再度返済条件の棚上げを期

待し続けたり、元金棚上げの継続が金融機関の担当者の役割であると言い切る経営者もいた。その一方で、早期に金融機関から通常の融資取引が復活できるようにするための複数年計画の作成に社長本人と幹部の意識を集中させる経営者もいた。

　筆者は、金融円滑化法が終了する前後、及び一時国有化されていた足利銀行が再上場を果たそうとしている 2012 年から 2013 年にかけて、栃木県及びその周辺地域で中小企業の経営改善活動の支援を行ってきた。その中で中小企業の経営者と、資金繰りが繋がり続けることを数値で確認しながら、複数年かけてどの様な財務水準にその企業を変えていくか、その財務水準を前提にどのタイミングで金融機関から正常な融資取引ができる関係が作れるかについて企業と意識合わせを行った。更に、その企業が将来事業を続けていくことにどんな意味があるのか、対従業員、対顧客そして対地域の中での意味を再確認していくこともあった。その上で、その企業を継続させるために、経営改善策を活動と業績数値への影響という観点で積上げていく作業を進めていった。

　また、企業によっては次の経営者世代がいない中小企業があった。筆者は、このような企業の現社長に対して、将来子供が会社を継ぐ可能性があるのかどうか、社内に親族や親族以外の社長候補がいるのかどうかを確認している。その上で、将来の社長候補が企業を承継する際、同時に「保証人」の欄に押印しなければならないが、現社長はその事業承継の時までに企業の負債水準を次期社長が文字通り背負える水準にできる目算があるか、もしくは、目算が現時点ではなくとも目算を立てようとする意思があるのかどうか、確認を行っている。更に、将来の社長候補が将来の企業の負債水準を背負うこと、即ち社長になることを拒否し、現社長が年齢的に引退せざるをえなくなった時に、これまで長い時間を共にしてきた社員はどうするのか、また、その企業を信頼して

くれたお客様はどうするのか、を問うている。言い方を変えると、中長期的に事業を継続させるために避けては通れない事業承継の観点から、中期的な財務体質改善の必要性を説明しているのである。

以上のような進め方により中期的な財務体質の改善と状況に応じて事業承継の動機付けを行っており、この活動は今後も続いていく。今後は株式承継時点の最適化も助言していく予定である。

第2節　企業が知らない金融機関からの企業の見方

企業が得意先へ営業をかける場合、その得意先の環境変化を知り、それを手がかりに得意先へメリットをもたらす商品・サービスを提供していく。これは金融機関が得意先へ営業をかけていく際にも、行われる話であろう。一方、企業は資金供給を行う金融機関側の状況変化について、深く知ろうとしている場合は少ない。特に、金融機関を取り巻く業法・通達は複雑で、人材が限られた中小企業において金融機関側の環境変化を理解するのは困難であり、結果として「貸してくれるところから借りる」状態となる。

従って、金融機関側は、金融のルールが変わっていくことについて、適時に説明していくことが必要である。仮に、営業店担当者が企業側に金融ルールの変更を適時に説明できない関係が続いていると、企業側は「営業店の担当が、出せる材料で融資を何とかしてくれる」と思うようになり、更なる金融ルールの変更が生じても「その金融機関が豹変してしまった」との理解に至ってしまう。

特に、金融円滑化法が終わる局面において、業績の悪い融資先企業の経営者に、経営改善の方針提示の必要性を十分に説明していくことが必要である。仮に、この部分の説明がなされないと、企業としては金融機関における当社の

第Ⅱ部　企業再生に係る私的手続と税務及び金融機関関係

位置付けはどの辺りなのか、なぜ取引方針が変わってしまったのか、他の金融機関も同じような対応をするのか、経営者は理解できないまま、経営改善が遅れ資金と人材が枯渇していくことになりかねない。

　企業によって金融機関の属する業界ルールに対する理解の程度は全く異なる。金融機関の担当者は、企業が例えば以下のような金融機関の仕組みについてどこまで理解しているのか、また、理解しようとしているのかを、普段の接触の中で把握し、理解度に応じた説明をしていくべきである。

・かつての金融機関は担保があれば融資してくれたが、現在は担保だけでなく返済原資となるキャッシュ・フローも必要になっている。
・本部と営業店との役割分担。
・金融機関は自己査定を行う際、企業を過去の決算書の数値に基づいて概

図1

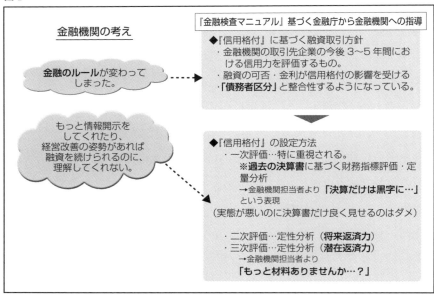

第 4 章　企業と金融機関との関係正常化

ね 8 割程度企業を評価し、残り 2 割を定性評価項目としているが、定性評価項目は金融機関にとっては把握に時間が掛かることがあるため、企業から積極的な説明があることが望ましい。
・企業に対する取引方針は、自己査定の結果を受けた債務者区分に基づいて設定されている。
・債務者区分が要管理先以下になると、新規融資は困難になるため、企業は（一般）要注意先・正常先に戻るための経営改善を計画する必要がある。
・取引金融機関ごとに当社の自己査定を行い債務者区分をそれぞれ設定し、金融機関の性質及び債務者区分の内容によって各行の取引方針が異なってくるが、各行の自己査定方法の根本は同じ金融庁の『金融検査マニュアル』であるため、業績が悪化してきた場合、時間のズレはあるが、各行とも同じように取引方針は厳しくなってくる。

　図 2 において、『金融検査マニュアル』に基づく自己査定から債務者区分の設定までの流れを簡単に示す。金融機関の立場からすれば当たり前だが、企業側がこの流れを理解しているかどうかで、企業は時間をかければ財務活動の選択肢を広げることができる、財務力の強い会社にしていくことができる。
　また、企業が自社の債務者区分をどこまで理解できているかが重要である。企業側がこの点を理解しようとする姿勢を持って、金融機関の担当者と接すれば、債務者区分の手がかりを教えてくれる場合がある。特に重要なのは（一般）要注意先以上か要管理先以下かの違いである。
　大枠としては、正常先であれば、中小企業であれば担保や保証協会の枠があれば融資を受けられ、（一般）要注意先であれば簡単には融資を受けにくくなるが、担保のある範囲で短期の融資は可能となる。しかし、要管理先以下に

図2

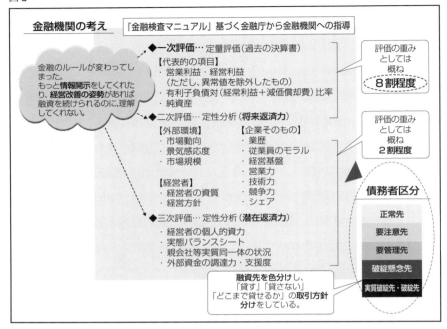

なると新規の融資を受けられなくなる。このため、企業は、資金を残すために、新規の資金調達の要請を行うのではなく、返済条件の緩和の要請を行っていくことになる。金融円滑化法が存在している2013年3月末までであれば、企業から金融機関に対する返済条件の緩和の要請に対して、金融機関はこれを受ける努力義務が課されていた。しかし、2013年4月以降は、従来以上に経営改善計画と返済計画の策定が求められるようになっている。

債務者区分に応じた融資スタンスの概略を図3に示した。もちろん、個々の状況によって右図とは異なる場合ももちろんあろうが、中小企業がこのような金融機関の考え方を知っているか否かで、設備投資や通常の運転資金の使い方に財務的な目線（緊張感）が加わり、金融機関への資金調達を考えるよりも前

第4章　企業と金融機関との関係正常化

図3

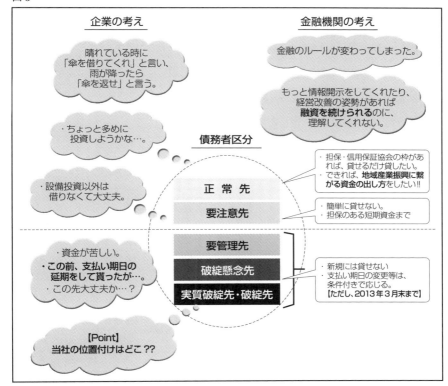

に「やりくり」を考えるようになる場合がある。

　金融機関の担当者としては、提出を受けた決算書を前提としながらも、可能な範囲で取引先が正常先から（一般）要注意先、（一般）要注意先から要管理先に落ちないように、情報を集める場合が多い。その際、企業側が担当者の情報収集の意図が判れば、企業側は積極的な情報提供を行うだろう。しかし、企業と担当者との間の関係が十分に作れていない場合には、担当者が「今度自己査定で御社のランクが下がるかも知れないので、それを防ぐための材料を提

供頂きたい」と説明する訳にもいかず、十分な情報収集ができないことが想定される。

　従って、金融機関の担当者（特にメイン行）は、融資先が正常先である内に、仮に業績が悪化してきた場合に図2の「二次評価」「三次評価」に該当する材料を決算説明と合わせて提供してもらうよう、事前に要請できていることが望ましい。そして、「業績が悪化した場合」として、

図4

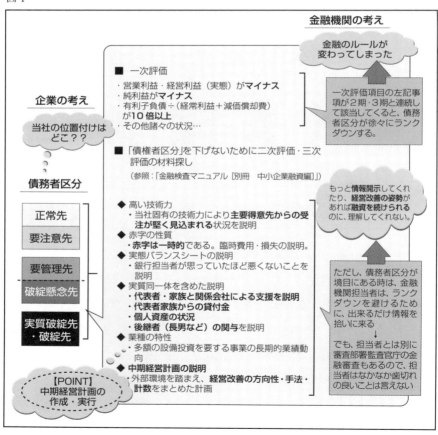

・営業利益・経常利益がマイナス

　・純資産がマイナス

　・有利子負債÷（経常利益＋減価償却費）が10倍以上

といった場合が該当することも、企業側の理解を促すべきである。

　以上、中小企業側が知らない金融機関による企業の見方の概要を示した。貸し手と借り手という立場の違いはあるが、財務の観点からの自社の状況と対応策について経営者に気付いて頂くことは、経営者にとって重要なことはもちろんのこと、金融機関担当者の立場として極めて重要である。

第3節　要管理先企業の経営改善計画の目指すべき数値水準

　企業が経営改善計画を作成し、これを金融機関へ提出して借入金の返済期限の延長等の金融支援を受ける場合、経営改善計画書は一定の財務的な水準を満たしていることが支援する金融機関から求められる。いわゆる「実現性の高い抜本的な経営改善計画」（以下「実抜計画」とする）である。

　つまり、企業から金融機関へ返済条件の緩和を要請すると、その融資は「貸出条件緩和債権」に該当し、その企業は債務者区分上「要管理先」になってしまうのが原則である。しかし、中小企業が以下の要件を満たした「実抜計画」を策定している場合、（一般）要注意先へのランクアップの判断がなされることとなる。このため、金融機関の立場からは「要管理先」になろうとしている企業に対して「実抜計画」の策定を企業側に要請している。

　以下、「実抜計画」の要件について述べる。詳細については、「中小企業地域金融機関向け」及び「主要行向け」「総合的な監督指針」に記載されている。

　「実抜計画」は金融庁の「貸出条件緩和債権Q&A」で「実現性の高い」こ

とと「抜本的な」ことの要件を定めている。「実現性の高い」の要件は以下のとおり。

① 計画の実現に必要な関係者との同意が得られていること。

② 計画における債権放棄等の支援の額が確定しており、当該計画を超える追加支援が必要と見込まれる状態ではないこと。

③ 計画における売上高、費用及び利益等の想定が十分に厳しいものとなっていること。

また、「抜本的な」とは、以下のとおり。

① 概ね3年後の当該債務者の債務者区分が正常先になっていることをいう。

ここで「概ね3年後」の部分は、中小企業であれば「5年以内」に緩和されている。

また、「正常先になっていること」とは、

① 経常黒字化

② 実態債務超過の解消

③ 有利子負債／キャッシュ・フロー倍率が10倍以内

のすべてを満たしている状態である。

ただし、これらの基準はあくまで計画数値の目標水準である。計画の主体はその企業にあるため、計画が達成できるようにするためには計画数値の背景にある改善活動施策（Action Plan）をしっかりと作り込み、計画に明記の上で、実行・進捗管理していくことが必要である。

第4節　破綻懸念先企業の経営改善計画の目指すべき数値水準

企業の業績の営業利益・経常利益が連続してマイナスとなり、純資産がマイナ

スとなってくると、当該企業の債務者区分は要管理先から破綻懸念先にランクダウンしていく。企業側としてはこの状態では借入・借換はほぼ不可能となり、金利が上昇する中で取引金融機関からの元本返済要請がされていくことになる。

このような状況の企業に対して、金融機関は「合理的、かつ実現可能性の高い経営改善計画」（以下「合実計画」とする）の作成を求めていくことになる。

この合実計画が関係者の了解の下作成され、企業による経営改善計画の進捗状況が概ね計画どおり（売上高等及び当期純利益が計画に比して概ね8割以上確保されていること）であり、今後も概ね計画通りに推移すると認められる場合には、行内格付けが破綻懸念先から要注意先（要管理先）にランクアップすることが認められるのである。

以下、「合実計画」の要件を述べていくが、詳細は金融庁の『金融検査マニュアル（本編）』に記載されている。

① 計画期間
- 概ね5年以内で実現可能性が高いこと
- ただし、概ね5超10年以内で、計画どおり（売上高等及び純利益の額が計画の概ね8割を達成している）進捗し、その後も実績が計画通り推移するものと想定される場合も含む

② 卒業基準（計画終了時点の債務者区分）
- 正常先
- 要注意先で、かつ、金融機関の再建支援が必要な場合を含む

③ 合意基準
- 再建に必要な取引金融機関等の正式な内部手続を経た合意

④ 支援内容
- 金利減免、融資残高維持等のみ

・ただし、既に債権放棄等を行ったか、または計画的に行う必要があり、すでに損失見込額の全額を引当て済みで、今後の損失の発生が見込まれないこと

「合実計画」においても「実抜計画」と同様、改善活動計画の作り込みと実行・進捗管理が必須である。

第5節　経営改善計画における企業としての考慮事項

そもそも経営改善計画の位置付けであるが、企業の経営の指針であり、金融機関のために作るものではない。この当たり前の点を外し、「経営改善計画書」という名称の資料の作成を、金融機関から企業へ要請する状況が多々見られ、企業も「融資のための資料」として、求められた様式に従って資料を作成・提出している場合がある。もちろん、企業としての経営指針・中期経営計画がきちんと存在し、これを金融機関提出用の様式に要約して提出するのがあるべき論ではあるが、そもそも企業で中期経営計画を作成していない場合が多い。

そもそも企業は規模の大小にかかわらず、社長はその企業が果たすべき社会的意義を、その社会・経済環境の中において、関係者（従業員・顧客・仕入先・債権者・株主等）との調和を図りながら達成していくために、様々なことを決断していかなければならい。その中で、社長としての個々の判断がぶれないようにするために、会社の存在意義を確認し、外部環境を踏まえた上での企業の方向性を示し、その方向性を達成していくための活動を具体化して、かつ、この活動が「人事的にも財務的にも、調和が確保されたもの」になっている「筋書き」が必要である。この「筋書き」に相当するものが経営指針であり、企業理念、経営ビジョン、経営計画から成る（図5）。

第 4 章　企業と金融機関との関係正常化

図5

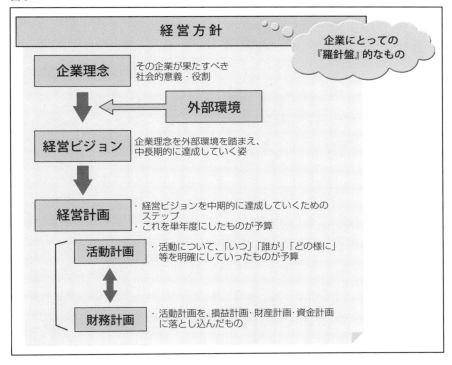

　そして、踏まえるべき「外部環境」は大きく変わってしまった。かつては経済社会が拡大成長していた時代であり、売上拡大路線を維持していれば、多少の内部的な問題があったとしても、企業は維持・成長していけた場合が多い。しかしながら、現在及び今後は縮小均衡社会と言われ、人口規模及び経済規模が小さくなっていく中で、人材的にも資金的にも遣り繰りしながら、他社との競争もしくは調和の中で、維持・成長をしていく必要がある。このため、かつてであれば計画が無くても会社は維持・成長できたが、今後は「数値に裏付けられた」筋書きがなければ企業を維持・成長させていくことは困難であろう。仮に、この筋書き無しに維持・成長できたのであれば、それは「偶然」のと考えるべ

きであり、「経営」ではない。

　このような、企業の将来に向けての「筋書き」にあたる経営指針だが、当然、企業規模（特に人財）や企業としての歴史により、精度に違いがあって然るべきである。重要なのは、筋書きを作り、これに基づいて企業行動についての仮説を活動そのものと数値で作り、これ実行し、その上で結果を活動そのものと数値で検証し、次の仮説の軌道修正を図ること、即ち、Plan-Do-Check-Action そして Plan- の循環が必要である。

　さて、地方の中小企業において、これまで経営計画を作っていなかった状態から経営改善計画を作成しなければならない状況があった場合、経営者が自ら何人かの「仲間」の経営者に事例を聞きながら自社に当てはめて作っていく場合がある。確かに、何かゼロベースで作成しなければならないとすると、他社の事例を参考にするのは時間を短縮できるだろう。しかし、中小企業の経営者は、経営だけでなく自ら業務を行っている場合が多く、経営計画をゼロベースで学びながら作っていくのは、時間的に困難が多い。

　筆者はこのような企業に経営改善計画の策定支援を行う場合が多い。ここでは、一つの方法として、筆者の企業の実態把握から経営改善計画作成支援までの流れを示す。

　筆者は、当然、支援先の中小企業と初めて会うので、企業の実態分析を十分に行う必要があるが、企業を図6の形で捉えている。一般的には「バランス・スコアカード」と呼ばれる手法ではある。これに基づき外部環境を整理することで「機会」と「脅威」を把握し、企業環境（内部環境）分析を、①「顧客への適応と社会的責任への対応の観点」、②「人材育成と組織変革の観点」、③「業務プロセスの観点」、④「財務の観点」の次元に分け、それぞれの「強

図6

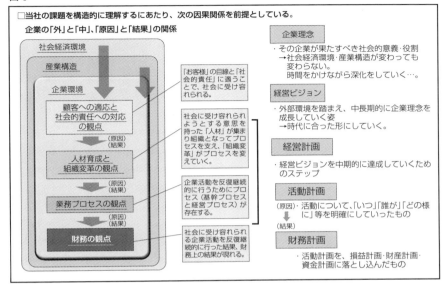

み」と「弱み」を把握する。

　その上で、「機会」に対して「強み」を活かしていくために、①から③そして④の次元におけるそれぞれの課題（「前向きの課題」）を抽出し、これら課題を解決するための活動の因果関係を明確にする。また、「脅威」に対する「弱み」をどう解消していくか、①から③そして④の次元における課題（「守りの課題」）を抽出し、こちらについても課題を解消するための活動の因果関係を明確にする。そしてこれら「課題を解消するための活動の因果関係」を整理して、「活動計画」（Action Plan）に落とし込み、さらに数値で表現していくことで「財務計画」を作り込んでいく。もちろん、活動計画は「企業理念」や「経営ビジョン」と合ったものでなければならないが、「企業理念」や「経営ビジョン」が不明確な状態もあるため、これらを明確にしていく場合もある。

図7

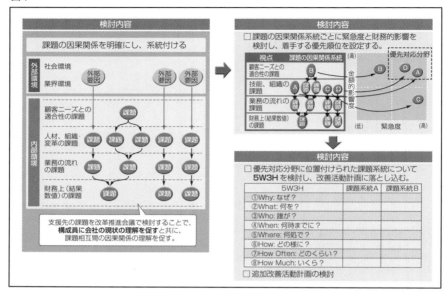

　いずれにせよ、筆者は、経営者が思っているがうまく表現できていない部分を引き出すこと、及び経営者が気付いていなかった点の問題提起を行い、経営者に納得のある解決の方向性を引き出し、組織として具体的にどうしていくかを問いかけて、経営計画の要旨に落とし込む支援を行っている（図7）。

　また、金融機関からの紹介を受け、中小企業の経営改善計画の策定支援を行う場合には、企業の現状の資金は困窮している場合が多いため、経営改善策を行おうにもそのための資金が無い場合も多く、その捻出計画から進めていかねばならない場合もある。さらに、今から1年間の資金繰り計画が見えていない、という状況からの資金繰り明確化支援をまず行い、資金繰りの目処が何とか付いた上で、ようやく中期的な経営改善計画を考えましょう、という状況もある（図8）。

いずれにせよ、企業は資金繰りが繋がらなかった時点で終わってしまうことから、資金繰りが見えない事態を可能な限り「見える」様にし、それが足元の資金の話から将来の資金の話にしていくことが必要である。

図8

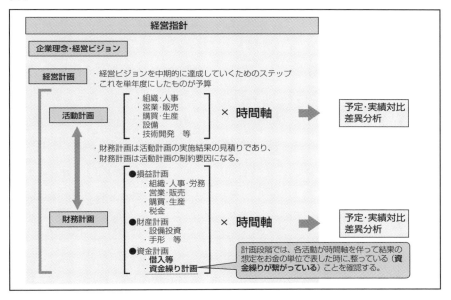

第6節　経営改善計画の進捗確認

　経営改善計画が活動ベース、計数ベースで作成されたならば、これを役割分担の上、進捗確認（モニタリング）していく必要がある。

　金融機関が絡んでくるケースの経営改善計画のモニタリングというと、企業が金融機関に提出した経営改善計画書について、四半期毎もしくは半期毎に、そのアクションプランと財務数値が、計画を達成しているか確認することとなる。

そしてそのための資料を企業から金融機関にモニタリング資料として提出され、金融機関は債権者会議もしくはその後の個別質問で内容を確認していくことになる。

　しかし、経営改善計画のモニタリングという場合、その主たる意味は、企業の経営陣から各部署に対する進捗管理を主と考えるべきである。経営者は、経営改善計画の策定段階から各部署の責任者を巻き込み、個々のアクションプランについてその必要性を十分に討議して納得させ、各部署に責任を持って取り組んでもらう。各部署内では、部課長を中心に各担当にその業務とスケジュールと実行責任を落とし込み、部課長は日次・週次でのその進捗を確認・指導し、必要に応じて対策を求める。そして部課長は、毎週もしくは2週間に一度、そのアクションプランの進捗状況を経営陣に進捗報告し、未達成の部分があればその改善策も合わせて報告させる。その上で、結果としての財務数値を月次ベー

図9

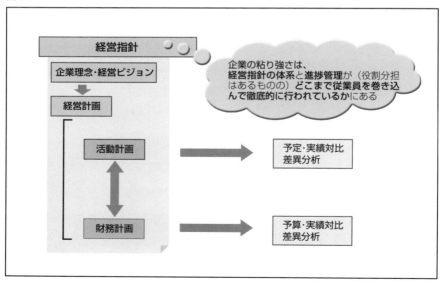

スの発生主義に基づき予算・実績対比分析を行い、経営者は月次での総括を行うとともに、翌月実施方針を各部署の責任者へ伝達する（図9）。

このように、各部署にて活動計画を推し進めていくことで、結果として月次単位で財務計画を達成していくという流れが必要であるため、活動計画を実行する各部署は、その活動計画の意義を十分に理解することが必要になる。この各部署の各担当レベルでの理解が十分でないと、財務計画（予算）が途中まで未達だった時に、それ以降の業績回復策が提案・実行されず、結果として期中での業績回復が進まない状態となる。

従って、各部署をどれだけ計画推進に向けて巻き込めるかが重要となる。

第7節　企業から金融機関へ求めていくべきこと

上記のように中期経営計画・予算を作成し、予算の進捗確認を行い、更にまた中期経営計画の更新を行う作業を何回かこなしていくと、企業は徐々に中期的成長のための材料探しの意識が高まる。そして、社内の情報だけでは足らなくなり、「外」に情報を拾いに行こうとする。

この時、企業の状況を理解し、かつ、外の状況を理解している存在として金融機関がある。企業が中期的な成長をどの分野にしていこうという強い意思と大きな筋書きを持ち、更にこれを具体化するための材料を金融機関に求めていくことは有用であろう。

具体的には、中期経営計画にて「伸ばす分野」と「なぜ伸ばすのか」、この分野に関して「どの様な資源が必要なのか」を明確にし、その上で金融機関に対して「該当する分野の資源を持っている会社」の紹介等を要請していくことが考えられる。いわゆるマッチングである。これにより資金需要が生まれる可能

性があれば、金融機関にとってプラスになる話であり、融資先企業及び紹介企業との関係も深まるため、メリットは大きい（図10）。

　以上のように、企業と金融機関との関係は、過剰債務の段階においては「経営改善計画書」「再生計画書」により、企業自らの再生・改善を行い、金融機関はそのための支援を行うという関係にある。また、企業の維持・成長段階においては「中期経営計画」により、企業がどの分野を強化していきたいかを明確にし、そのための情報提供を金融機関に求め、金融機関はそのための情報（取引先紹介）支援を行い、資金需要が生じてきたら資金供給を行って、企業の発展に貢献していくという関係にある。

　特に、栃木県等といった特定の地域の中で事業を営む決心をしている地方の中小企業と、その地域と共に生きる金融機関とは、その中小企業がその地域にどの様な貢献をしていくかについて、永く長期的な視点で意思疎通できる関

図10

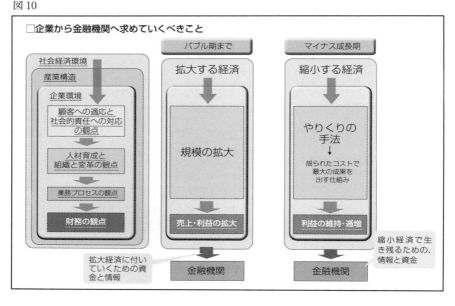

係にあることが望ましいと考える。中小企業の経営者は、自社の財務情報を共有しつつ、金融の観点と地域の観点から長期的な視野に立ち、筋の通った意見を必要とする場合が多いからである。

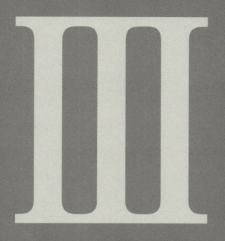

第Ⅲ部

企業再生に係る法制度の
変遷と問題点

蓬田 勝美

第Ⅲ部　企業再生に係る法制度の変遷と問題点

序

　足利銀行が破綻した頃を思い返してみると、その直前に㈱りそな銀行の破綻があり、2003年5月17日、りそな銀行に預金保険法第102条第1項第1号による予防的公的資金注入がなされたというこがあった。そこで、経営危機が表面化していた足利銀行も同様の対応にという要請や憶測も当時多かったと記憶している。

　しかし結局、足利銀行は2003年11月29日、預金保険法第102条第1項第3号による一時国有化（特別危機管理）となり、足利銀行及び上場親会社の㈱あしぎんフィナンシャルグループは会社更生法を東京地裁へ申請し、名実ともに経営破綻したという経緯となった。

　この足利銀行の破綻が栃木県内の企業に種々の影響を与えたのは勿論だが、それ以前にも同行の経営悪化に伴い、県内の有力な企業が民事再生手続や破産手続の倒産手続を取っていた。また、破綻の後についても、㈱産業再生機構や㈱整理回収機構、更に、中小企業再生支援協議会等の各種の機関による事業再生の実践が行われている。本稿では、足利銀行の破綻を挟んで約20年の倒産手続の変化を、倒産法制の変遷や私的整理の状況を確認しながら、見ていくこととする。改めて、その倒産処理の考え方や手法の変化がいかに大きかったかと感じないわけにはいかない。

　以下では、まず、倒産法制の変遷を外観したうえで、私的整理の各種スキームを確認し、県内で行われた各種の事業再生について検討する。

第1章 倒産法制の整備と運用の変遷について

第1節 はじめに

　足利銀行の破綻前の経済状況は、金融危機と言われ、それに伴う企業の倒産も増加し、また、その規模、態様も様々なものがあった。このような社会的な背景の中、倒産法制の整備が要請され、1999年の民事再生法の制定を皮切りに倒産法制の整備が行われた。

第2節 民事再生法の制定

1. 再建型倒産手続

　倒産法制の整備については、まず1999年に、経済的に窮境にある債務者の事業または経済生活の再生を目的として制定された、民事再生法（平成11年法律第225号）の制定が挙げられる。民事再生法は倒産法制の中でいわゆる再建型倒産手続と呼ばれるものであるが、それ以前の再建型倒産手続としては和議手続と会社整理手続という二つの手続があった。これらの手続の運用等を見ておくことは、民事再生法の理解にも役立つと思われる。そこで、以下、和議手続と会社整理手続を外観しながら、民事再生手続の特色を確認したい。

2. 和議手続

　民事再生法の制定以前に、同じ企業の再生という目的で用いられてきた倒産手続としては和議法（大正11年法律第72号）による和議手続というものがあった。和議法の特徴は、一口で言えば、債権者の同意をベースにした簡素

な手続構造ということである。

しかし、和議申立については、実務の運用上、申立の受理の段階で債権者の8割程度の同意が要求されていた。また、和議の場合、和議条件の履行が必ずしも実行されず、和議くずれ等という言葉もあったように、手続が誠実に履行される仕組みがなかった。

そこで民事再生法においては、そのような受理段階における事実上の要件を外すことを明確にし、また監督委員という第三者的機関を設け、債権者と債務者の同意によりながらも、債務者の行為等に監督を行うと制度が導入された。民事再生法は、和議法を基本的に維持しつつ、再建計画（再生計画）の可決要件を緩和する一方で、その履行確保を強化する等、使い勝手のよい再建型倒産法制の構築を目指したものと言うことができる。

和議法は、民事再生法の施行に伴い 2000 年 4 月 1 日廃止された。

3. 会社整理手続

和議手続と同様の制度として、商法第 381 条以下に定めのあった会社整理手続があった。この会社整理の制度は、2006 年 5 月 1 日施行の新会社法によりなくなることとなるが、それ以前は、民事再生法制定後、民事再生手続と併存したことになる。しかし、民事再生法制定後は、民事再生手続が簡明であったことから、同手続による再建が一般的であり、会社整理手続による再建はほとんどなくなった。

会社整理手続と和議手続については、会社整理は対象が株式会社に限定さている点、整理案の成立には全債権者の同意を要する（ただし、実務では総債権額の 90％を超える債権を有する債権者の同意があれば、一部の債権者の不同意があっても、整理の遂行に支障がなければ、整理案について実行命令

が発せられて整理手続が進行されていた）点、更に、検査役や監督員が選任され、裁判所の監督に服する点等が差異としてあげられる。要するに会社整理手続の方が、条件が厳しく、運用も厳格な手続と言える。

4．当時の和議及び会社整理の状況

　1997年には消費税が5%に引き上げられ、それに引きずられるように消費は減退し不況となり、経済全体に不透明感が顕著な中、㈱北海道拓殖銀行、山一證券㈱の破綻があり、金融不安を増大させていた、というのが当時の経済状況だった。

　そのような中、再建を目指す企業は、和議手続や会社整理手続の申立を行った。栃木県内の企業も和議手続や会社整理手続の申立を行った。県内の申立で特徴的なことは、裁判所の監督という観点から、会社整理手続が選択され申し立てられた事案があったということである。その理由は、経験豊かな申立代理人弁護士の見識によるものと言え、また、そのことを認めた裁判所の判断は適正であったように思う。よく和議法については、受理に慎重な東京地方裁判所の運用と、比較的受理を認める大阪地方裁判所の運用とがあると言われていたが、宇都宮地方裁判所の運用は、どちらかというと大阪地方裁判所の運用に近かった。

　しかし、和議手続にしろ会社整理手続にしろ、その多くは、長引く不況の中、再建を果たすことなく、事業を停止し、清算せざるを得ない方向になった。

　当時は、再建といえばスポンサー型の再建、つまり、資金力のあるスポンサーの信用を背景とし、その支援を受けて事業の再建を図る、というスキームが有力なスキームだった。しかし、県内の多くの企業は、そのようなスポンサーなしに、自力再建を目指したものだった。自力再建には限界があった

ということであり、この点は、現在の事業再生の際にも留意が必要である。

また現時点から、自力再建の有り様を検討してみると、当時は自力再建が可能になるような思想や手法が十分に用意されていなかったと言わざるを得ない。自力再建では実態的な財務状況を把握するのが大切で、適正な財務デューデリジェンスが不可欠である。しかし、当時は漸くディスカウントキャッシュフロー（DCF）という言葉が用いられ始めた頃で、現在のような詳細な財務デューデリジェンスがなされるようなことは少なかった。債権のカット（債務の免除）ということについても、金融機関をはじめとする債権者は慎重な立場で、容易に債権のカットには応じない、との対応だった。事業の継続には、取引の継続が不可欠で、信用毀損を防ぐという観点は是非とも必要と考えられるが、そのような意識や思想、そして、具体的な債権カットを容易にするような制度はまだ準備されていなかった。このような状況で、自力再建型の多くの和議手続や会社整理手続が頓挫してしまったのもやむを得ないのかもしれない。

民事再生法は、和議手続や会社整理手続が再建型とは言いながら必ずしもその効用を発揮しない中、簡易で実効性のある再建型倒産手続として、倒産法制の改正の中で、最初に手がけられたというのは理由がない訳ではない。しかし、それでも、自力再建型の再生スキームを成り立たせるような手法がなかったのは、まだ時間や経験が必要であり、やむを得ないと言わざるを得ないと思われる。

5. 民事再生手続

以上のような状況下、1999年に民事再生法が制定された。制定当初は、本当に裁判所が申立の受理を緩和してくれるのかどうかという不安と、債務者主導で誤魔化されはしないかという懸念とがあった。しかし、債務者にとってはこれまで閉ざされていた法的再建手続で、それに対する期待には大きいものが

あった。

　ただ、当初の民事再生手続については、今では当たり前になっている債務免除に伴う免除益課税に対する配慮がなく、多額の課税が発生してしまい、再生計画が頓挫せざるを得ないような事案もあったし、別除権の受戻協定についても、債務者も債権者もどのような協定をすればよいのか分からない状況で、手探りで協議を行っている状況だった。

　しかし、多くの再生事件で再生計画の認可決定がなされる頃になると、大口債権者を除く多くの債権者は、多数決で再生計画の同意・不同意が決せられ、それによって再生計画が認可されることとなることから、次第に関心が薄れ、また、大口債権者も監督委員の意見を尊重する傾向が強く、結局、監督委員任せのような傾向が現れてきた。他方、監督委員は、民事再生手続は債務者と債権者の合意を基本とする手続であることや、本来的に民事再生手続が再建を目指すものであることから、債権者の意向を斟酌しつつ、余程の問題がない限り、再生計画に否定的な評価を下すことは困難である。そのような意味で、民事再生手続は、無責任な手続になっていった印象は否めない。

　当初の民事再生手続に関する過度の期待感は、債務者の二次破綻の出現や自力再建型の再生の困難さ等も手伝って、次第に、色あせてきた感がある。近年の民事再生事件の新受件数の推移は次の表のとおりで、減少傾向がみてとれる。減少の原因としては、私的整理による再建の手法が一般化してきたということも一因とも考えられるが、民事再生手続への期待が低下したことの現れとも考えられる。

　司法統計によれば、裁判所の民事再生手続開始申立の新受件数の推移は次のとおりである。

第Ⅲ部　企業再生に係る法制度の変遷と問題点

	全　　国	宇都宮地裁		全　　国	宇都宮地裁
2000年	662件	7件	2006年	598件	6件
2001年	1,110件	26件	2007年	654件	6件
2002年	1,093件	11件	2008年	859件	4件
2003年	941件	9件	2009年	661件	4件
2004年	721件	13件	2010年	348件	5件
2005年	646件	6件	2011年	327件	5件

司法統計（最高裁公表）より作成

　この統計から分かるのは、2004年に宇都宮地方裁判所の民事再生の新受件数が前年から大幅に増加しているである。全国では前年より新受件数が減少しており、宇都宮地方裁判所が大幅に増加しているのであるから、足利銀行の破綻による影響と考えるのが自然である。

6.　栃木県内の運用状況

　宇都宮地方裁判所における民事再生法の運用は、当初、開始決定がなされると認可されるという方向性になってしまい、債権者の権利が十分に保護されないのではないか、という観点から、受理から開始決定までの間に、監督委員とその補助者である公認会計士の調査をある程度詳細に行うという運用がなされた。受理から開始決定までの標準的な期間は4週間程度であった。これは、最高裁判所が想定していた標準的な運用でもあったが、東京地方裁判所の運用は、受理後特別な問題が発見できなければ1ないし2週間で開始決定を出し、その後、監督委員が財産の調査等を行うというものだった。そのため宇都宮地方裁判所の運用は、厳格であると評価され、あるいは、東京地方裁判所の運用が一般化してくると、債務者に問題があるから開始決定が出ないのではないかという誤解を招く恐れが出てきた。そのため、宇都宮地方裁判所の運用も2007年頃から東京地方裁判所の運用と同じような運用に変化した。

左記の司法統計によれば、全国的には民事再生手続は減少を続け、宇都宮地方裁判所管内では、近年では、毎年数件が係属するという傾向になっている。その原因は、全国的なレベルでいえば、先程述べたような、私的整理の浸透や民事再生手続への過度の期待がなくなってきたもののように思われるが、そうならば、県内も同様に減少するはずである。しかし、宇都宮地方裁判所管内では一定数の民事再生事件が毎年係属している。その理由は何か。実際の理由を実証的に検討した訳ではないが、栃木県中小企業再生支援協議会の相談件数等を参考に考えるならば、足利銀行の破綻に伴い、県内には再生を必要とする企業は一定数が存在するものと考えざるを得ない。したがって、本来ならば増加傾向になってもおかしくない。そうだとすると、私的整理の浸透という要素を除いても、それ以外の要素があるのではないかと考えざるを得ない。筆者は、その原因は民事再生手続の申立が県外でなされている結果ではないか、と見ている。この点については、破産法のところで再度、検討してみたい。

7. その他

　一般的な運用の状況は以上に述べたとおりであるが、個々の運用について、いくつかの問題を取り上げ、以下、検討したい。

(1) 少額債権の弁済

　民事再生事件については、少額債権の弁済の問題がある。

　民事再生手続開始の申立がなされると、債権の弁済は禁止される。そうでなければ、債権を確定することができず、また、債権者平等の原則に反することとなるからである。ただ、少額な債権については例外が定められることが一般的である。これは、少額な債権については、それを管理するコストを考えるならば、

弁済してしまった方が簡便だという発想や、少額な債権を弁済したとしても債権者平等の原則に実質的に反するものではない、という公平感もあると考えられる。

　この少額債権の弁済についての最近の傾向は、少額という場合の金額が高額化しているという点があげられる。可能な限り取引債務については弁済をし、迷惑をかけないようにして、事業継続の協力をしてもらう、ということの配慮の結果ではないかと考えられる。法律的には、金融債務も取引債務も同じ権利だが、倒産手続の中では、次第に、両者を区別して考えることは合理的であり、有益であるとの方向になっている。その原因は、私的整理手続の浸透によるものと考えられる。私的整理手続では金融機関の調整で再生が図られ、取引先には特段の影響がないことが多くなってきている。それが法的手続にも影響を与えていると考えられる。

　他方、実際の民事再生事件では、少額債権でも弁済をしない、という扱いをする場合が多々ある。これは、多くの債権者が少額債権の金額になるまで債権を放棄し、早期に弁済を受けるようなことになると、弁済資金がなくなってしまい、事業の継続が図られないという事態が発生するからである。

　このように少額債権では、一方で広く弁済を認める運用と、他方で少額といえども弁済しない運用とがある。その振分は、企業の規模や資金状況によるものと考えられる。県内の民事再生手続は、基本的に小規模な企業によるものが多い。したがって、耳目を集める事案で少額債権が弁済されているとしても、県内の事案もそうだと言うことはできない。県内の民事再生手続では、少額債権も弁済しないという扱いがある点は注意が必要である。

(2) 再生計画案の提出期限

　民事再生事件においては、現時点で、受理や開始決定は比較的容易にクリ

アできるという運用が定着したと評価することが可能である。しかし、再建の鍵を握る再生計画案の提出については裁判所によって運用に違いがある。

　東京地方裁判所では、再生計画案の提出期限については比較的厳格な運用がなされ、当初の提出期限を可能な限り厳守することが求められ、延長する場合であっても原則は１回限りとする運用がなされている。

　これに対し、宇都宮地方裁判所では、必ずしも厳格な運用がなされているとは言えない状況である。債務者と債権者の協議の状況等を踏まえ、比較的延長を認める運用がなされ、期間や回数の基準が特にある訳ではなく、ケースバイケースで決定されていると感じている。しかし、このような運用は、場合によっては民事再生手続が廃止され破産手続に移行したとしても、破産管財人による否認権の行使が認められないという結果になりかねない。

　このような宇都宮地方裁判所の運用は、確かに債務者の事業再生を手助けするという民事再生手続の目的に沿うもので、しかも、債務者と債権者の協議を尊重しようというもので、その点は否定すべき理由はない。

　しかし、債務者と債権者の協議といっても、それは主に大口債権者との協議であって、債権者全体との協議ではないのが実情である。このような事態に対しては、それ以外の債権者が関心を持って主張すべきものを主張すべきである。しかしながら、再生計画案の成否については債権額の多寡が大きな意味を持つ。再生計画案の成否に直接関係することが不可能な大多数の債権者にしてみれば、自分達は蚊帳の外に置かれるという意識をもってもやむを得ない。結局、大口の債権者といえば、金融機関であり、それ以外の債権者といえば、取引債権を有する債権者になるから、取引債権者にしてみれば、金融機関と債務者で協議して決めて貰えれば足りるし、要するに、自分達の債権が回収できれば良いという感覚と思われる。しかし、これは本来民事再生手続が予定していたも

のではないと思う。

　このような傾向は、再生計画案の協議は機能不全に陥る危険性を孕むものと言わざるを得ない。そのような場合にあって、裁判所がどのような運用を行うかは、手続を左右する重要な問題と言うべきで、そのような観点から、東京地方裁判所のような運用がよいのか、宇都宮地方裁判所のような運用がよいのか、再度、検討されるべきである。

(3) 債務免除益対策

　再生計画においては、一般的に一定の債務免除が盛り込まれる。これは民事再生手続に限定された訳ではない。この債務免除益に対する問題意識は、民事再生法が制定された当初から存在していたが、必ずしも十分に認知されていたということではなかった。以前、群馬県前橋市内の建設会社が民事再生計画における債務免除益を申告せず、税務当局から課税処分を受けたという新聞報道がなされたこともあった。債務免除益という問題は、再生計画を策定する際には必ず検討しなければならない事項ということができる。

　ところで、法人税法はこの課税の特例を定めている。期限切れ欠損金の算入や評価損の計上（もっとも民事再生手続の財産評定は必ずしも万全とは言えないので、特に不動産の評価損の計上については慎重な検討が必要である。この点では、会社更生手続の評価損の計上でも問題となるが、民事再生手続とでは差異があり、会社更生手続による場合のほうが肯定されやすいようである）等がそれである。2005年度税制改正では「法的整理に準ずる一定の要件」を満たせば任意の債権放棄でもこれら特例が使えることとなった。

　私的整理には、後で述べるとおり、いくつもの再生スキームが存在し、存在した。これらの手続はある意味で、債務免除益に対する対応を可能にするため

第1章　倒産法制の整備と運用の変遷について

の手段ということができる。このように債務免除益対策は企業の再生に当たって重要で、この点の十分な検討が必要である。期限切れ欠損金の算入等で債務免除益を十分に吸収できないような場合には、再生計画を根本的に検討し直す必要がある。

今日では、この点を改めて指摘する必要はないとも考えるが、各スキームを考える視点になることから、念のため、触れることとした。

(4) 別除権受戻協定

別除権受戻協定は、再生計画の成否を握る重要な問題と思われるにもかかわらず、ブラックボックスのような存在になっている。再生計画案の策定や再生計画案の議決には、必ずしも別除権受戻協定が成立していることが必要とはされていない。別除権者が受戻協定に明確に反対しておらず、交渉が継続していれば、再生計画の履行の可能性がないとは言えない、と評価されている。

確かに、別除権受戻協定は監督委員の同意事項とされ、監督すべき事項であることは間違いない。また、再生計画の履行の成否に重大な影響を及ぼすことも間違いない。しかし、再生計画認可後では、どのような内容で別除権を受け戻すのかが再生債権者の批判にさらされることなく締結されることになる。また、別除権者であることが多い金融機関にとっては、別除権協定の内容を比較検討することは可能であるが、債務者やその他の債権者が内容を比較検討することは困難である。昨今では、再生計画認可後破綻した場合に、別除権受戻協定の内容で疑義が生ずることもある。別除権受戻協定については、協定内容について、比較検討する必要がある。

223

(5) 経営者の法的手続申立の要否

　民事再生手続においては、企業の申立てに伴って、経営者の法的手続を取るのか取らないのかが問題になる。多くの場合、企業の申立ては行われても、経営者個人の申立ては行われない。本来なら、企業も個人も併せて一緒に申し立てられ、全体が分かった状況で、再生計画が立案、認可され、履行されるということが透明である。そして、その方が債務者にもメリットになるのではないか、と思われる。しかし実際には、そのようなケースは少数に留まっている。

　その理由は、このような場合、経営者個人は連帯保証債務である金融債務が大方を占め、しかも、主な資産は金融債務の担保に提供されており、その他の債務が僅少であるため、会社の民事再生手続を進めていく中で金融機関との協議もされ、それなりに責任を果たし、弁済を履行すれば事実上、債務免除が受けられているため、その必要性があまり実感されないということと思われる。

(6) 管理型の民事再生手続

　民事再生手続は、再生手続開始決定後も再生債務者は財産の管理処分権を失わず引き続き業務遂行権を有するのが原則的形態とされている（DIP型）。この点で会社更生手続と差異がある。

　しかし、民事再生法上、裁判所は再生債務者の財産の管理または処分が失当である時、その他再生債務者の事業の再生のために特に必要があると認める時は、利害関係人の申立てにより、または職権で、再生手続の開始の決定と同時にまたはその決定後、再生債務者の業務及び財産に関し、管財人による管理を命ずる処分をすることができる。そして、法人たる再生債務者に管理命令が発令されると、その業務遂行権・財産管理処分権は管財人に専属し、こ

れらに関する代表取締役・代表執行役等の権限は喪失する。いわば、民事再生手続における会社更生手続的な運用であり、管理型と呼ばれる。

　管理型の民事再生手続については、東京地方裁判所は認めない運用と言われ、全国的にも管理命令が発令されるケースはごくわずかである。これは、管理型の場合、再生計画が可決認可され、最終的に民事再生手続が終結すると、管財人はその業務を従来の執行機関に引き渡すことにならざるを得ないということであり、従前の執行機関は労せずして、成果を手に入れることができることになりかねないからである。管理型の民事再生手続については、このような点についても十分な検討が必要となる。

第3節　破産法の改正

　民事再生法の制定に続いてなされたのが破産法の改正（新破産法の制定）である。以下では、破産法の沿革を見た上で、運用の変化等を検証することとする。

1. 破産法の沿革

　破産手続については、1890（明治23）年に公布された商法（明治23年法律第32号）の第三編（講学上「旧商法破産編」と呼称される）で統一的な規定が置かれた。しかし、商人のみを対象とした規定であったため、非商人については、家資分散法（明治23年法律第69号）によって規律されていた。

　その後、破産法（大正11年法律第71号、旧破産法）が1922（大正11）年に公布され、翌1923（大正12）年に施行された。これが2004年までの効力を有していた破産法（以下「旧破産法」という）である。

1952年には、米国法の影響で免責制度が導入され、自然人の破産については、財産の清算だけでなく破産者の経済的な更生のための制度という性格を持つようになった。

2. 新破産法の制定（破産法の改正）

破産法については、企業の大規模な倒産が増加したことや消費者破産の増加に伴い破産手続と免責手続が一体化していないことに伴う問題、租税債権を優遇しすぎている点、労働債権が租税債権と比べて低い地位に置かれていること等の様々な問題が指摘され、2004年に新しい破産法（平成16年法律第75号）が制定され、翌2005年1月1日から施行された（以下、単に破産法という場合、この破産法を意味するものとする。ただし、破産法という法律分野をいう場合もあるので、その点は注意されたい）。

この新破産法の制定によって、租税債権の優先債権化や労働債権の財団債権化、自由財産拡張の制度等の改正が実現し、破産手続開始決定前の保全管理命令の制度や包括的禁止命令の制度等、民事再生手続で導入されたのと同じような制度が導入された。

3. 破産法の性格の移り変わり

日本の破産法は、破産法という法律の中で、公法上の資格制限をする効果を与えてはいない。しかし、その他の各種の法律により、他人の財産を管理することを主とする職業に就けなくなる等の効果が与えられている。もっとも、免責許可決定が確定した場合や復権した場合は、法律上の資格制限はなくなるので、これらの制約は限定的なものである。

また、日本の破産手続の多くは、消費者破産と言われるもので、配当を実現

するというより免責を得るために破産手続を利用するのがほとんどである。破産法改正によって、リフレッシュスタートが可能になるように、破産者が所持できる財産の範囲も格段に拡張された。

しかし、江戸時代の身上限（全ての財産を失う）という制度や選挙権の喪失が定められていた時代もあったことから、今でも破産手続にはマイナスの印象がつきまとう。選挙権がなくなるのではないか、懲罰的な制裁を受けるのではないか、様々なことから破産手続の利用を回避する債務者が存在する。また、「命より大切」というお金を返さないような債務者を守るようなことはないと断ずる債権者も存在する。

一方で債務者の経済的更生を図りながら、他方で可能な限り約束の履行を果たすという制度を、どのように設計するかはなかなかに困難な問題のように思われる。反対に言えば、モラルハザードを起こさないようにしつつ、債務者の経済的更生を確保し社会の安定を図る、というのは、一朝一夕には実現しないように思われる。この点は、揺れを繰り返しながら、今後も問題提起され続けるものと思うし、より良い制度を設計するのが法律家の役割であろう。

4. 破産手続の運用の変遷

旧破産法の破産手続の運用（ただし、ここでは個人破産については消費者破産の問題があるため、主に法人破産を念頭に置き、個人破産については検討から除外する）は、第1回の債権者集会がなされ、ここで破産者の概要・沿革や破産財団の状況等が報告され、その後は、手続が完了した際の最終の債権者集会が開催されるまで債権者集会が開催されないというものだった。

しかし他方で、破産事件の増加に伴い、長期間終結しない破産事件が増え、破産事件が滞留するという傾向が出てきた。そこで、定期的に破産管財人が破

産裁判所に報告を行うという運用がなされるようになった。これは、債権者には報告しないけれど、定期的に破産管財人と裁判所が協議をすることによって、問題の所在を把握し、解決策を確定し、手続進行を図ろうとするもので、破産事件のスケジュール管理を行うというところに主眼があった。このような運用を通じ、次第に破産手続の目的は債権者に配当することにあるのであるから、債権者への配当に影響を与えない事情については可能な限り早期に解決を図るべきであるという点が自覚され、強調され、手続の迅速化が強く意識されるようなった。そして、このような意識から、旧破産法時代にあっても、現在の債権者集会の続行方式が運用として実施され、その運用を見て、今般の破産法の制定（破産法の改正）に結びつくこととなった。

　また、このような意識は、破産管財人の換価業務についても影響を与え、配当に資さない財産については財団から放棄する（破産手続開始決定により破産者の管理する財産の管理処分権限を破産管財人が有することになるが、放棄するというのは、破産管財人がこの管理処分権限を放棄するということで、その結果、その管理処分権限は破産者に戻ることとなる。ただ、破産者〈法人〉には実際には経営を執行する組織は存在していない状況で、観念的に戻るということで、実際に処分するには、清算人等の選任が必要になる。この財団からの放棄は、一括してなされるのではなく、個々の財産ごとに放棄することが可能である）という方針が一般化するに至った。

　新破産法は、迅速な処理を求める社会的な要請のもと、その要請に応える各種の制度を用意し、運用においても迅速処理が目指された。それでも、社会の動きはそれ以上で、以前はそれほどでもなかった、破産手続開始決定後の債権者の変更が、次第に手続開始後早い時期から、頻繁に行われるようになった。金融機関がより早期に債権売却等によって不良債権を処理する動きを増し

ていたことに連動するものであった。また、債権者自身が組織変更や合併をしたり、あるいは、消滅していたりで、配当前には破産債権届出をされた債権者との連絡が困難になる事例もあった。

　ただ、考えて見ると、そのような運用が今後もそのままで良いのかは検討しなければならない。今でも、破産者が管理し破産管財人が引継を受けた自動車については、できるだけ処分することが求められている。これは、その自動車で交通事故等が起こった場合、自動車の管理責任の所在が不明確になるからである。

　また、不動産の財団からの放棄についても検討の余地がない訳ではない。確かに、不動産の価値を大幅に超える債権を担保する担保権が設定されている不動産については、一般債権者に配当する原資を確保することは困難で、かえって破産管財人が管理処分権限を有することで管理費用や固定資産税が賦課されたり管理コストがかかって、一般債権者に配当する原資を減少させかねない。そこで破産管財人は、固定資産税が課税される1月1日前に財団から放棄し、管理コストを出さないようにする。ただ、放棄をした後、担保権が速やかに実行されれば問題がない。新たな所有者が確定するからである。しかし、担保権の実行がなされない場合は、結局、新たに実際に管理をする者が現れず、不動産は管理されない存在となる。管理のなされない不動産は、立木や建物が壊れて、隣家に損害を与えたり、草が生え、害虫が発生したり、不法投棄される等、様々なことが起こる。その結果、近隣の住民や行政が不利益を被り、負担をかけることとなる。その不利益やコストは誰が負担するのか。結局は、全く関係のない近隣の住民や行政の負担とすることで良いのか。そのことは、近隣住民の損失で債務者の一般債権者が利益を得ているという関係にならないのか。不動産を財団から放棄する際には社会的な責任があるのかどうかも検討

することになっているが、それでも以上のような不利益は一般的に想定されるもので、このような事情があるからといって放棄が許されないとはされていない。かといって、これらを破産管財人が財団の負担だけで行うのは、一般債権者への配当原資を減少させることになり、その結果、担保物の価値が維持されることになるので、担保権者を優遇する結果になる。このような観点から、担保権者を含め、誰が、どの程度の負担をすべきなのか、もう一度、検討すべきではないか、と思われる。

　この問題は、例えば、相続人全員が相続を放棄した場合の相続財産の不動産、あるいは、所有者はいるけれども管理を放棄されている不動産にも通じる問題がある。名目的な管理者が実質的な管理を行わない不動産についてどのような対応をするのか、少し広い視点から、問題を検討する必要があると思われる。その中で、破産手続のあり方も検討するのが正当かもしれない。

　それ以外にも、ポリ塩化ビフェニル等の有害物質の管理の問題、医療法人のカルテの保管や開示の問題等は、本来的には配当を任務とする破産管財人の職責とは直接関係しない。事業が廃止されてしまう破産手続には、破産管財人が行わないとすれば、誰が、どのような負担で、どのようなことをすべきか、という問題がある。

　また、破産手続において財団から放棄された建物に、破産手続終了後、第三者が入り込んでしまうようなケースがあり得る。多くの場合は、担保権の実行の際にそのような第三者は排除されるが、何らかの理由で担保権が実行されない場合、入り込んだ第三者は賃料も払わず無償で不動産を使用している可能性がある。このような状況を財団から放棄する場合に想定はしていないが、管理が行き届かなくなればそのようなことも起こりえる。これもまた問題点の一つと考える。

以上は、いずれも破産手続を、配当を実施する手続だと割り切った場合の問題点と言える。そのように割り切ってしまえば悩みはないが、果たしてそれで破産手続が社会の批判に耐えうるか、疑問がないとは言えない。特に配当を実施する場合はそうである。

5．法人破産の同時廃止

　個人破産の場合には多くの場合で、開始決定と同時に廃止決定がなされる。破産手続は包括的強制執行の性格を有すると言われ、債務者の全ての財産に、全ての債権者のために差押えがなされるのと同じような法的効果が生ずることから、このように言われるところである。手続的にも、強制執行と同様の仕組みを破産法は持っている。つまり、破産法は破産債権届出がなされ、調査を経て、配当に加わることができる債権者と債権額を確定するという大きな手続の流れと、対象となった財産を換価し、配当可能な現金化をするという大きな手続の流れからなる手続であるということができる。そして、この作業を行うのが、個別の強制執行の場合は裁判所等である訳であるが、破産の場合は破産管財人がこれを行うということになる。

　ところで、破産者に財産がある場合には、このような手続が現に行われるが、破産者にこのような財産がない場合、破産管財人を選任する必要性がない。そこで、このような場合は、破産管財人を選任せずに破産手続は終結される。このことを同時廃止と言う。

　これに対し、破産管財人が選任されたが最終的に配当ができずに破産手続が終結した場合は異時廃止と言われ、配当まで進んだ場合には終結決定がなされることになる。

　破産者に財産がない場合には同時廃止になるのだから、法人であっても財産

がなければ同時廃止は可能であるはずである。実際、宇都宮地方裁判所で法人破産事件で同時廃止がなされていた時期がある。むしろ、法人で財産があっても、代理人弁護士が任意に整理を実施し、雇用関係等の様々の処理をしたが配当すべき財産がないという状況で、破産手続開始申立を行い、同時廃止決定によって破産手続を終了させるという運用が行われていた。その多くは、裁判所に納める破産予納金さえ準備することが困難な、零細と言ってよい債務者であったために行われたものである。今でも、倒産した会社が破産手続により清算したいと思っても、破産予納金をどのように準備するのかは問題で、破産をするにもお金がいる、と言われる所以である。

　しかし、このような運用は、代理人弁護士の中立性に対する信頼がなければ成り立ち得ない運用である。債務者の代理人であっても、中立公平に財産を管理、保全（場合によっては処分）し、また、金銭の管理を厳重に行っているという信頼がなければ成り立たない。そのような信頼がなければ、債権者は何らかの対抗的な法的手続を行い、そのような手続は頓挫せざるを得ないからである。

　ただ、信頼があると言っても、このような運用は、裁判所から見れば不透明な部分があることになる。破産管財人に選任される弁護士の数も確保できるようになれば、次第に、破産管財人を選任して債権者からの疑義をなくするような運用に変化していくのも自然の成り行きである。現在では、破産予納金についても場合によれば低額化されていることもあり、法人破産について同時廃止は行われていない。

　ただ、この問題は検討しなければならない要素を持っている。それは債務者代理人である申立代理人がどのようなことをすべきで、どこからは破産管財人の役割とすべきか、という点である。理屈の問題はあるが、その線引きは、破産

管財人に選任される弁護士が十分に確保できているのか、また、破産予納金としてどの程度の金銭を準備すればよいのか、という点に係っている。その意味で、この問題は、非常にローカルな事情によって左右される問題だということができる。しかし、債務者代理人である申立代理人があまりに多くのことをやってから破産手続を開始するという運用は、債権者への説明が困難になるという点からも、決して好ましい運用ではない。

6. 東京地方裁判所への申立て

ところで、新破産法下では、事実上、東京地方裁判所では全国の全ての破産事件を受理するという運用がなされている。破産手続開始申立は、原則として破産者の住所地で行うこととされている。多数の債権者が関係する事件等は法律上も東京地方裁判所に管轄が認められている。しかし、それ以外の法律上東京地方裁判所に管轄が認められるかどうか明確ではない事件も、あるいは、形式上登記簿上の本店所在地を東京地方裁判所の管轄内に移動してあるに過ぎない事件も、東京地方裁判所で、大量で、かつ、画一的な処理が行われているのである。このような運用は、その後、多少変更されているが、今でも、法人の破産事件及びそれに関連する個人の破産事件については同じような運用がなされている。

次の表は栃木県内に本店所在地のあった法人がどこの裁判所に破産手続開始の申立を行ったかを集計したものである。

これを見ると、破産手続開始の申立を行った法人の5分の1程度は東京地方裁判所でその手続を行ったということができる。どうして県内の企業が東京地方裁判所で破産手続行っているのか、不思議に思われたこともあろうかと思うし、大多数の債権者が県内の関係者であるにもかかわらず、東京の破産管財人と連

宇都宮地裁管内に本店所在地がある法人の破産申立件数（地裁別）

	2005年度	2006年度	2007年度	2008年度	合　計
宇都宮地裁	96	95	80	147	418
東京地裁	21	29	28	31	109
合　　計	117	124	108	178	527
東京地裁比率	17.9%	23.4%	25.9%	17.4%	20.7%
そ の 他		水戸1		さいたま2・千葉1	

司法統計（最高裁公表）より作成

　絡を取らなければならなかったり、東京まで出向き債権者集会を聞かなければならないというのは、納得ができないと思うのではないかと思う。何より、地元なら、破産に至る経緯はある程度知れ渡っているのに、東京の弁護士や裁判所が十分それらのことを知っているのか不安に思うこともある。破産法上、裁判所は著しい損害または遅滞を避けるため、必要がある時に一定の裁判所へ職権で移送することが認められている。しかし、当事者には申立権が認められていない。しかも、開始決定によって破産管財人が選任されてしまうので、事実上は開始決定後の移送は特別な事情のある特殊な事案以外にはあり得ない。場合によっては、債権者として職権発動を求める意見を裁判所に陳述することも検討できるが、破産手続が受理されてから破産手続開始決定がなされるまではそれほど時間がかからない現在の運用では、そのような機会も事実上は存在しないことになる。

　これでは、債権者には事情はよく分からないまま、手続が進行することになり、債権者の利益を害することがあるにもかかわらず、この問題を解決する手段が債権者には与えられていない実情にあるということになる。本当にそれで良いのか。債権者として必要な主張をすべきと考えるが、そのような声があまり聞かれないのは残念である。

　では、何故、このようなことが起こるのか。債務者としては、特に、債権者に追及を受けるような事情がある場合には、それを避けたいという心理がある

ことは否定できない。また、破産手続を行ったことが知れ渡って困るというような事情があるためと思われる。

しかし、新破産法の目的の一つには、債権者への情報提供という点があったはずである。このような運用は、そのような改正の趣旨にも反するものではないかと疑問に感じざるを得ない。

7. 破産事件の動向

司法統計によると、宇都宮地方裁判所における破産事件全体の新受件数は次のとおりである。

	全　　国	宇都宮地裁		全　　国	宇都宮地裁
2000年	145,858件	1,482件	2006年	174,861件	2,207件
2001年	168,811件	1,834件	2007年	157,889件	1,887件
2002年	224,467件	2,511件	2008年	140,841件	1,700件
2003年	251,800件	2,841件	2009年	137,967件	1,520件
2004年	220,261件	2,614件	2010年	131,370件	1,554件
2005年	193,179件	2,526件	2011年	110,449件	1,350件

司法統計（最高裁公表）より作成

破産事件の新受件数の動向は、民事再生事件とは違い、全国と宇都宮地方裁判所とほぼ同様ということが言える。これは、件数の多くを占める個人自己破産事件は景気等の動向により、ほぼ全国的に同じ傾向が現れるということが主な原因と考えられる。

ただ、法人破産を考えると、230頁の表から見ると、2005年度117件、2006年度124件、2007年度108件、2008年度178件となっている。民事再生事件の場合は、足利銀行が破綻した翌年の2004年に新受件数が増加していることを考えると、破産事件の場合は、足利銀行の破綻の影響は明らかではないということが言える。

ところで、2004年に足利銀行が破綻した後、栃木県内では、足利銀行の保有する貸付債権のうち回収が困難と判定された債権が㈱整理回収機構に譲渡された。整理回収機構に債権を譲渡される債務者については、整理回収機構による債権回収のため事業継続を断念するところが続発するのではないかと懸念する声と、無理な回収は行わないだろうからむしろ譲渡された方がよいのではないかと楽観する声とがあった。このことを破産事件の新受件数から事後的に検証してみると、むしろ債務者を破産手続に追い込むような回収はなされなかったという評価が可能ではないかと考えられる。

8. 破産手続を利用した事業譲渡

　ところで、現在では、破産手続を利用した事業譲渡が行われている。次の表も県内の旅館の倒産状況をまとめたものである。この中にも破産、事業譲渡というものが存在する。

　以前は、破産手続と言えば清算するための手続であり、清算と言えば事業を停止し個々の財産を処分し換価するというイメージであった。今でも多くの場合はこのような状況である。

　しかし、表でも明らかなとおり、破産手続を利用した事業譲渡が行われている。筆者の経験の中でも、例えば、本業は利益がでないまでも事業継続が可能、本業に関連する新規事業は順調で優良な顧客があり利益を生んでいる。しかし、不動産投資部門の事業は惨憺たる状況で、全体では債務超過で資金繰りができなくなり、破産手続をせざるを得なくなったという企業があった。優良な新規事業の従業員が解雇され、その取引先も急な供給停止に困惑するということで、もう少しどうにかならなかったかと感じた。当時の制度とすればそれもやむを得ないことではあったが、現在では、このような企業であれば、破産手続

第1章　倒産法制の整備と運用の変遷について

旅館倒産状況

ホテル名	手続	経過等
A	破産	破産（東京地裁）→破産廃止
B	民事再生法	民事再生法（宇都宮地裁）・スポンサーによる自力再建
C	民事再生法	民事再生法（宇都宮地裁）・吸収分割による事業継承
D	民事再生法	民事再生法（東京地裁）・自力再建
E	特別清算	特別清算（東京地裁）
F	民事再生法	民事再生法（東京地裁）・スポンサーによる自力再建
G	民事再生法	民事再生法（宇都宮地裁）
H	破産	破産（宇都宮地裁）
I	特別清算	特別清算（宇都宮地裁）
J	民事再生法	民事再生法（宇都宮地裁）
K	特別清算	特別清算（宇都宮地裁）
L	破産	破産（宇都宮地裁）
M	破産	破産（宇都宮地裁）・事業譲渡
N	破産	破産（宇都宮地裁）
O	破産	破産（宇都宮地裁）→破産廃止
P	破産	破産（東京地裁）→破産廃止・事業譲渡
Q	特別清算	特別清算（東京地裁）
R	破産	破産（宇都宮地裁）→破産廃止（建物買収）
S	破産	破産（東京地裁）→破産廃止
T	破産	破産（宇都宮地裁）
U	破産	破産（宇都宮地裁）・事業譲渡

をするにしても、少なくとも優良な新規事業部門を継続させることを検討することになるのではないか、と考えられるケースが存在した。

　これと同じように、事業を解体し個々の財産を処分するのでは二束三文の価値しかなくとも、事業をそのまま引き継げればそれだけ社会的な影響は少なく、換価もより多くのものが期待できる場合もある。また、事業譲渡を行う場合の問題は、想定していない債務が事業譲渡に伴って承継してしまうのではないか、という問題点がある。破産手続は、既に存在する債権については法的な手続

で処理されるから、通常の事業譲渡より不測の債務を承継してしまうということがないというメリットがある。このようなことから、破産手続を利用した事業譲渡というものも、決して珍しいものではなくなった。

もっとも、破産手続を利用して事業を譲渡すると言っても、様々なパターンがある。

第1に、破産手続の中で事業譲渡手続全てを行うということになる。しかし、これでは事業譲渡完了まで事業を継続する必要があり、その資金的な手当が必要になる。したがって、このような形で破産手続を利用するのは稀と考えられる。

第2に考えるのが、事業譲渡を破産手続前に行ってしまい、その後、破産手続開始申立を行うという方法である。しかし、この方法では、後日、破産管財人が事業譲渡を不適正なものであるとして否認するというリスクが存在する。そのようなリスクを回避するには、ビット（一種の入札）を行い承継者を決定することや、関係者への情報開示や了承を取り付けておく必要がある。ただ、これも現実的には情報の管理等困難な問題がある。

最後に、破産手続開始前に譲渡先の選定等の手続を行い、事業譲渡契約の調印を行って、登記等の移転や代金の支払いを未了にしておいて、破産手続開始申立を行う、という方法がある。これは事実上、事業譲渡の契約関係を終わらせておいて、最終的に破産管財人に履行させるか解除させるかを判断させようというものである。先程述べた破産管財人の否認権の行使によるリスクを回避しつつ、それなりの道筋を付けておく、ということであるが、やはり解除のリスクが存在し、情報の管理等の問題がある等、最良の方法とまでは言えない。

したがって、それぞれの事案において、最も適切な方法を選択することが肝要である。

なお、栃木県内には、債権者申立による破産手続において事業譲渡を行う

という、全国的に見ても稀な事案があった。しかし、これは当該債権者の総債務に占める割合が圧倒的であり、事業に必要な資産のほとんどが当該債権者の担保に提供されている、という条件があり、しかも、当該債権者が債務者に関する情報をある程度把握でき、しかも、その資金提供を行う覚悟があるという場合に初めてなし得るものであり、一般化することは困難と考えられる。

第4節　会社更生法

1. 会社更生法の改正

　三つ目の倒産法制として、会社更生法が挙げらる。会社更生法は、経営困難である株式会社について事業の更生を目的としてなされる更生手続を定めるために制定されたもので、最終改正は2006年になる。この改正で、一連の倒産法制の改正作業が一応終了したということになる。

　再建を目的とする点では民事再生法と共通する。しかし、民事再生法と異なり株式会社だけが対象となる点、担保権者や株主についても更生手続の対象となる点等で相違がある。包括的で、強力な法的制度と評価することが可能である。

2. DIP型会社更生手続

　会社更生手続においては、管財人が通常選任されており、これが民事再生手続との一つの違いとなり、会社更生手続の特徴となっていた。しかし、2008年には、東京地方裁判所で会社更生手続を担当する民事第8部（商事部）で一定の条件を満たした場合には、更生手続開始申立て時の取締役を管財人として引き続き業務の運営に当たらせる運用（いわゆるDIP型）が行われるよう

になった。

　従前の理解では、会社更生法は、担保権の実行や租税債権の変更も可能である等、大規模で社会的な影響の大きい会社を対象とするもので、その意味で、法的手続が強力な重装備になっており、そのため、それに見合うものかどうかを慎重に判断する仕組みになっているという理解であった。

　そこへ、新たに再建型の倒産手続として民事再生法が制定された。そこで、民事再生手続と会社更生手続の使い分けが問題になった。当初は、対象となる権利（普通債権のみか、別除権等も手続の中に取り込むのか）や経営者が引き続き経営に当たるかどうか等の違いから、民事再生法は中小規模の会社で、経営者が引き続き経営を行ないながら、権利関係が比較的簡明で、担保権者とは別途協議を行い、再建を図る倒産手続。会社更生法は大規模な会社で、権利関係が錯綜しており、経営者を交替させてでも再建を図る、いわば社会的に存在が必要な会社の再建手続という理解がなされていた。慎重な手続が予定されることから、会社更生手続はそれだけ時間もコストもかかることとなる。

　しかし、ゴルフ場のように債権者が多数で、しかも、負債総額が高額、権利関係も決して簡明とは言えないような時でも、民事再生手続による再建が指向され、ゴルフ場以外でも、決して中小規模とは言えないような大規模の会社も、民事再生手続による再建を行なう事例が現れるようになった。そのような手続選択の背景には、担保権者との間である程度の協議が可能ならば、重装備で時間と費用がかかる会社更生手続より、スピーディである民事再生手続の方が合理的であるという判断や、経営者が引き続き再建に当たった方が経営の一貫性が保たれ、ロスが少ないという事情があったものと考えられる。そうだとすると、会社更生手続は、ある意味で、債務者による民事再生手続に対する債権者の対抗手段という位置づけしかなくなってしまい、本来、果たすべき会社

再建という意味合いがなくなるということとなりかねない。そのような危機感がDIP型会社更生手続の採用にはあったのではないか、と考えられる。

　最近、このDIP型会社更生手続については、経営に携わる更生管財人の中立性が保たれていないという理由から批判があがっている。民事再生手続でも、経営者が引き続き経営に当たることについては批判がある。ただ、中小企業の場合には、従前の経営者に代わって新たな経営者を据えて再建を図るというのは、人材的にも、資金的にも、困難な場合が多いことから、経営者が引き続き経営に当たり再建を図ることもやむを得ない事情があることは否定できない。しかし、そのような事情のない会社更生手続の場合、何故、従来の経営者を引き続き管財人に当てるのか、その理由は筆者自身十分に理解している訳ではない。関係者に不利益を与えながら、旧来の経営者が引き続き再生に関与するというのは感覚的にはおかしいと考えざるを得ない。ただ、会社の再建を図るに当たって、不要な支出をすることはマイナスの効果をもたらすものであることは明らかである。十分な監督のもと、公正な手続がなされるならば、再建を担う者が旧経営者であっても、良いのではないかとは考える。債務者自身が、民事再生手続ではなく、再建のため、費用上の問題もあって自らが引き続き経営に当たるとしても、より監督の強い会社更生手続を自らが希望する時、これを拒否する理由はない。

3. 宇都宮地方裁判所の状況

　宇都宮地方裁判所における会社更生手続開始申立は、遡って、2003年に1件あったのが最新のものである。宇都宮地方裁判所での会社更生手続開始申立は滅多にあることではない。それだけ地元に十分なスキルが備わっているとは言えない状況である。

第5節　特別清算

1. 特別清算とは

　一連の倒産法制の整備とは直接関係はないが、特別清算という手続も倒産法制の一つと言うことができる。特別清算は破産手続とは違い、一般にはあまり馴染みがないものである。特別清算とは、解散して清算過程にある株式会社に債務超過の疑いがある場合等に、適正な清算を行うため裁判所の監督下で行われる清算手続である。

　株式会社を廃止する場合は解散を決議し、財産を清算することとなる。清算は債権者に全額弁済できるならば特に監督する必要もなく、株主等に任せていてもさしたる問題は発生しない。しかし、債務超過（負債額がプラスの財産額を上回る状態）の疑いがある時は、債権者へ全額弁済できない訳であるから、何らかの監督がなければならない、ということから定められている制度と考えられる。

　債務超過の場合には、破産手続によることもできる。しかし、債権者が特に異論のないような場合まで、厳格な破産手続で清算しなければならないと考える必要はない。

　因みに、解散決議がなされた株式会社の中には、債務超過であったと思われるにもかかわらず、特別清算の手続きではなく、通常の清算手続で清算結了となっている会社がある。これは、帳簿上の操作で通常清算であるようにしたり、債権の放棄等によって債務超過ではないとしてしまったもので、法的には問題がある処理である。

2. 破産手続との差異

　ところで、同じ清算手続である破産手続と特別清算とでは次のような違いが

ある。

　まず、破産手続は株式会社に限らず個人でも可能である。また、会社破産の場合、通常、裁判所によって破産管財人が選ばれ会社の管理処分権は全て（代表）取締役から破産管財人へ移転する。そして、破産管財人が財産調査を行い、不正行為があった場合には取消す（否認する）こともある。債務の弁済が可能な場合は、管財人による平等な配当によることになる。

　これに対し、特別清算は株式会社に限られる。また、裁判所の監督は受けるものの、清算人（従前の取締役が就任可）が清算事務を遂行し、債務の弁済は協定あるいは和解によって柔軟な取扱いが可能である。ただし、債務の弁済の協定には債権（額）者の3分の2以上の賛成が必要となる。否認制度はない。

　このほか、破産手続の場合は破産者である債務者の連帯保証人の保証債務への影響は法律上切断されている。これに対し、特別清算の場合は、一種の和解であるため、協定によって保証債務への影響が問題されることになる。この点でも注意が必要となる。

3. 特別清算の運用

　特別清算は破産手続と比べ柔軟な処理ができ、また、裁判所予納金が低額であるなどメリットがある。更には、破産手続同様に清算型の手続であるにもかかわらず、特別清算は会社を整理したイメージで受け止められ「倒産」というイメージが少ない。破産の場合は財産の管理処分権限が破産管財人に移り、債務者企業の債権者が関与する余地はほとんどないが、特別清算の場合は協定案に対して債権者の総債権額の3分の2以上の同意等が必要であり、債権者が関与する余地がある。その結果、債権者の数が少なく、大口債権者の理

解と協力が得られる場合は、特別清算に適しているケースと言える。

このようなことから、私的整理をした後に特別清算に移行する手続は中小企業の私的整理手続の一つのモデルとなっている。特に、清算所得課税の廃止前は、債務免除益への課税がなかったことから、その点でも特別清算のメリットがあった。栃木県内でも、私的整理の後の特別清算の事例がある。

司法統計によると、宇都宮地方裁判所における特別清算申立の新受件数は以下のとおりとなっている。

	全　　国	宇都宮地裁		全　　国	宇都宮地裁
2000年	352件	1件	2006年	400件	6件
2001年	335件	3件	2007年	395件	6件
2002年	336件	2件	2008年	385件	6件
2003年	290件	4件	2009年	365件	18件
2004年	326件	3件	2010年	365件	15件
2005年	398件	5件	2011年	299件	4件

司法統計（最高裁公表）より作成

この統計資料から、宇都宮地方裁判所においては、民事再生手続申立がピークを迎えた後、2009年から2010年にかけて特別清算の申立が多くなっていることが見て取れる。これは、私的整理で本体の再生計画が実行に移され、残された株式会社について特別清算が用いられた結果であると考えられる。

第6節　各倒産手続の役割

1. 清算型と再建型にとらわれない発想

倒産手続は清算型と再建型に分類され、清算型の法的手続は破産手続と特別清算であり、再建型の法的手続は民事再生手続と会社更生手続であると説明される。しかし、そのような分類は、場合によると必ずしも適切ではない。

再建型の法的手続である民事再生手続の再生計画には、事業を譲渡し、その譲渡代金をもって再生債務者の債権者に対する返済を行うというスキームが策定される場合がある。これは、事業を中心に見た場合、事業が継続することから再建型であると説明されるが、事業主体を中心にして見ると、当初の事業主体は事業を止めてしまう訳であるから、ある意味では包括的な清算と言うことが可能である。

他方、清算型の法的手続である破産手続であっても、裁判所の許可を得て、事業を継続し、また、事業を譲渡することが可能である。

そうすると問題は、例えば、事業を継続し、それを譲渡し、譲渡後は旧事業主体については清算してしまうというスキームを考えた場合、民事再生手続や会社更生手続が考えられるが、破産手続であっても不可能ではない、ということになる。したがって、この場合は手続が再建型か清算型かの問題ではなく、どの手続で行うのが適当かという問題になってくる。そこでは、債務者の体力、つまり、手続を遂行する能力があるのかどうか、経営者を排除する必要があるのかどうか、事業譲渡の見通しがどの程度あるのか、権利関係はどのようになっていてそれを解決する方法手段が備わっているか、等々の観点から、最適な法的手続を選択するということになる。

会社更生手続は、既に述べたとおり、重装備で、期間もある程度長期化する。その結果、その間の資金繰りが十分でないとその手続は最後まで完結しない。多くの企業は、この点で会社更生手続を選択することは困難である。

また、経営者の不正行為が強く疑われる場合には、経営者が再建計画を立案する民事再生手続は不適ではないか、と思われ、適正な事業譲渡が可能かどうかも問題になる。更に、事業譲渡の見通しが必ずしも十分ではない場合には、最終的には、個々の資産の処分による配当原資の確保をも視野に

入れておく必要がある。

　このように考えると、破産手続による事業譲渡というのは、決して奇異なものではなく、しかも、これを可能にするような包括的禁止命令等の制度も準備されていることから、むしろ中小企業の事業譲渡を可能にする倒産手続ということができる。ただ、問題は、破産手続というと清算という強いイメージがあるため、事業の継続が非常に困難であり、事業の継続のためには、それに適した業種であることの他、丁寧な説明と関係者の理解がなければ実現しないという点にある。

　更に、民事再生手続と会社更生手続についても、既に見たように、一方で管理型と言われる民事再生手続があり、他方で、DIP型の会社更生手続の運用がなされると、民事再生手続と会社更生手続の区別も問題になりうる。この点は別除権の扱いの差異や手続の違いへの検討が必要になる。

　1999年以降の倒産法制の整備については、破産手続、民事再生手続、会社更生手続に共通するような制度がそれぞれの手続の中に定められている。したがって、どの手続をとっても同様のことが可能になってきており、より詳細な手続面での検討がないと適切な手続選択ができない、ということになっている。

　そのようなことから、清算型か再建型かという区別は意味を失いつつあると言える。

2. 手続間のブリッジの必要性

　また、別な観点からは、手続間の関連を考えなければならないということが言える。手続間の関連というと、民事再生手続が廃止された場合に破産手続に移行するということがまず思い浮かぶが、ここで問題とするのは、このよ

うな法律上の制度ではない。

　「計画倒産」という言葉がある。これは例えば、支払停止になってすぐに破産手続開始申立がなされたりすると、支払停止以前からその申立の準備がなされていると考えざるを得ない。もっとも経営者たる者は最後の最後まで事業の継続に努力すべきで、事前に法的手続を考えること自体が経営者としての資格がない、というニュアンスで用いられたり、直前に原料等を納入した業者が取り込み詐欺と同じではないか、というニュアンスで用いられたり、更には、家族等の財産を保全してからの申立てで、本来ならば配当の原資となる財産が散逸してしまっている、というニュアンスで用いられたりするものである。いずれにしても、マイナスのイメージで使用される言葉である。

　しかし、多数の利害関係者が存在する倒産手続では、これらの多数の利害関係者の利益を調整しつつ、それぞれが本来得られるべき利益を確保しなければならない。これを瞬時に解決する手段はない。そうすると、時間の経過とともに、やるべきことは違ってくるので、そのやるべきことに優先順位を付けながら作業を進めるということは不可欠である。ある意味では、倒産手続開始の申立てというのは、そのような解決の手順の中で最重要ではあるが、一つの出来事と言うことができる。このような手順を考えるというのは、倒産手続の特徴である。

　ところで、このようなことは、一つの倒産手続の中でも言えるが、倒産手続をまたいでも考えられる。一つの例として説明すると、動物を飼育する企業が破綻するとする。そして、事業を継続することは、経済環境や社会環境から困難とする。事業の継続が困難であるから、清算するしかない。しかし、破産手続開始を申し立てるとすると、飼育している動物の処分はどうなるか。申立てと同時に処分することは事実上不可能である。処分する間のエサはどの

ように確保したらよいのか。そうだとすると、破産手続開始申立前に処分することを検討することになる。処分によって現金が会社に入る。しかし、現金は現物とは違いその管理が困難で、後日、その使途が不透明になって問題とされる可能性がある。破産手続で事業を継続しながら、エサを確保し、動物を飼育し、処分していくとすると、処分できたところで、どの程度の財団が形成できるか、破産手続で事業を継続する価値があるのか、疑問が生じることになる。どうも最初から破産手続開始申立を選択するのは難しいように思われる。

　では、民事再生手続ならばどうか。民事再生手続だということで、事業を継続するのかという疑問や非難、不安は生ずるものと思われる。しかし、民事再生手続ということがある程度の緩衝材になって、動物の飼育そして処分等が破産手続の場合に比較して順調になるということも考えらる。

　そうだとすると、民事再生手続である程度処分の見込みを付けながら、しかるべき時期に破産手続へ移行するということを検討しても、法律理論的には、あながち不当とまでは言えない。

　私的整理プラス法的手続という手順はあるが、法的手続間でそれぞれの手続の特色を活かしながら手続を接いでいくような手法も開発していく必要がある。

第2章　私的整理―主として法制度的視点から―

第1節　はじめに

　私的整理というと、何か「整理屋」とか「事件屋」をイメージしてしまう方も多いかもしれない。公正とか、公平とか、透明性とはほど遠い、何か、力関係で債務者の財産の処分や収益の分配が行われるというのが、私的整理のイメージの一つであった。勝手に債務者の不動産等に入り込み、財産を処分し、資金が回収できたら、それで行方をくらましてしまう。それを恐れ、債務者は夜逃げをし、他の債権者は後難を恐れて口をぬぐってしまう。本来は、保護されなければならない労働債権等は置いてきぼりで、何ら保護されない。そのような状況を阻止する手段は、法的手続であり、倒産法制であって、私的整理は頭にないというのが、倒産法が整備される前の感覚だったように思われる。

　しかし、倒産法制が整備され、また、債権の回収という点や地域社会の安定という観点からも、事業の再生の重要性が認識されて、私的整理の重要性が改めて認識されるようになった。特に高度経済成長が期待できなくなった経済環境の下では、事業の廃止は従業員や取引先の活動を縮小させ、ひいては、地域経済の地盤沈下をもたらすことになる。したがって、事業が破綻した場合であっても、可能な事業再生を行い、雇用や地域経済を守るという観点は重要になった。また、債権の回収という点からも、デフレ経済の下では単に物からの回収では足りず、むしろ収益からの回収を検討せざるを得ない。そのような観点から、債権回収の極大化は債務者を再生させることによって達成できるということが言えるようになった。ただ、それは、私的整理の進化というものがあったからに他ならない。

私的整理にも、法的手続に清算型と再建型があったように方向性を分類することは可能である。しかし、実際に私的整理での重要な課題は、企業の再建・再生事案である。清算型ならば、コストはかかるかも知れないが、一般的には、法的手続でいった方が公正で、平等で、それなりの効果が期待できるからである。

第2節　私的整理ガイドライン

1. 私的整理ガイドラインとは

　現在、私的整理といって最初に思い浮かぶのは、「私的整理ガイドライン」と呼ばれるものである。私的整理ガイドラインとは、2001年に採択された、法的手続を使用しないで、債権者と債務者との合意に基づき、債権放棄等を行うための手続規定である。経済団体連合会や全国銀行協会等を委員とする「私的整理に関するガイドライン研究会」が公表したもので、法的拘束力はないものの、一種の手続規範として作用している。

2. 法的側面からのいくつかの問題点

　私的整理の法的問題点のいくつかを以下で検討する。

(1) 経営責任

　「経営責任」は経営者としての責任である。経営者といえども、法律上の根拠なくして責任を追及されることはない。

　中小企業の場合には、多くの経営者は会社の債務について会社とともに連帯保証しているのがほとんどである。この連帯保証については、従前の債務につ

いては責任がなく、在任中の債務負担行為についてのみ責任を負い、その後の債務については保証が免除され責任を負担しない、という場合もある。しかしながら、多くの場合、従前の債務を含め、包括的に責任を負担するのが一般的である。また、個別の行為に関する任務懈怠については第三者に損害賠償責任を負う場合がある。通常、経営者が法的な責任を負担せざるを得ない場合としてはこの2つのケースが考えられる。

しかし、私的整理の局面で言われる経営責任とは、このような法的責任とは違った意味で使用されている。例えば、事業の再生にあたって、経営者が会社に対して貸付金を有する場合その貸付金を放棄する、役員報酬を全額あるいは一部を返上しカットする、会社の事業再生のため必要な資金提供を私的に提供し、あるいは、事業を構成する私的な財産を会社に移転する等、を意味する。場合によっては、事業は継続するものの、経営者個人は破産手続の申立てを行い、自己の財産の清算を求められることもある。

これらの行為を求められる根拠というのは、必ずしも明確にされているとは言い難い。しかし、債権者に債権の放棄等の不利益を求める以上、その原因に関係する経営者には、衡平上、一定の責任を果たすことが求められていると言える。

ただ、多くの中小企業の場合、経営者の個人商店的な色彩が濃い。そのような場合、厳格に経営責任を求めると、事業の継続それ自体が困難になる場合が多々ある。中小企業再生支援協議会による支援で、経営責任を取って経営を退いた者が、その後、経営者に復帰するような事例もある。そうすると、経営責任といっても単なる形式のようなものと感ぜざるを得ない。経営責任については、もう少し法的根拠を検討する必要があると言えるし、また、単に形式ではなく、実質的に経営の合理性・適正性を確保する手段を組み込むような

方向の検討がより妥当ではないか、と考える。

(2) 株主責任

　次に、「株主責任」についてである。株主は本来、会社に出資した金員以上の法的責任を問われることはない。この株主の有限責任の原則は、会社制度の根幹であり、例外が発生することはない。したがって、株主は出資した企業が破綻したとしても、追加の出資を求められることはない。ただ、保有する株式が無価値になり、それまで有していた法的権利や利益を失うことになる。

　会社が清算される場合、債権者と株主がどのような地位に立つかというと、債権者が優位な地位にあり、まず、債権者への弁済がなされ、その後、残余財産があれば株主へ分配が行われることになる。事業再生にあっては、本来、株式に優先する債権者の権利が一部カットされることになる場合が大多数である。それにもかかわらず、本来劣後すべき株式がそのままの価値を有することになればそれは本末転倒なことである。そのため、企業の再生計画においては、事業に必要な資金を調達する必要もあることから、従前の資本を全額減資し、新たに新株を発行し増資するという計画が採用される。これによって、従前の株主はその法的な地位に見合う責任を果たしたこととなる。

　しかし、新たな増資については、事業継続について資金の必要性がないと思われる場合や、資金の必要性があってもその資金調達の目処が立たないような場合がありうる。これは中小企業の事業再生の場合、特にそのようなことが起こりうる。そのような場合、株式（資本）に何も手を付けないというのは、先程の債権者と株主の優先順位からしておかしなこととなってしまう。債権者は権利を一部放棄させられ、事業が順調になったら、結果としては、債権者の不利益で株主が利益を得る結果となってしまう。

そこで、このような減増資ができない場合の株主責任としては、株式を備忘価格で第三者に売却することによって、旧来の株主は株主としての責任を果たしたと評価されることとなる。しかし、この方法は、確かに旧来の株主は権利を失ったことにはなるが、第三者にしてみれば、備忘価格で購入した株式が、事業再生が完了されれば、それ相応の価値を生ずることとなる。したがって、この点をどのように考えていくのか、問題である。

ここでもあまり形式的な思考より、実質的な方法・手段を検討することが適当ではないか、と考える。単純な債務免除ではなく、劣後債権化等の手法を検討する方向性が適当と考えている。

(3) 表明保証

次に、「表明保証」を検討する。

ここで言う表明保証とは、「一般的には一定の時点（通常は契約時とクロージング時）における契約当事者に関する事実、契約の目的物の内容等に関する事実について、当該事実が真実かつ正確である旨契約当事者（特に売主側）が表明し、相手方に対して保証するもの」と言われている。これまでに、各責任を見てきたが、表明保証は、連帯保証人の責任と関連することでもあり、ここで検討することとする。

このような表明保証が事業再生で使用されるのは、多くの場合、保証免除の場面である。事業再生で私的整理をする場合、債権のカットは法的には主債務の一部あるいは全部の債務免除であり、主債務が債務免除される結果、連帯保証人の保証債務もその分免除されることになる。しかし、そのような結果は経営危機に陥った債務者の債権者の一般的な意思とは相違している。そこで、連帯保証債務については、主債務とは切り離して処理することを合意し、

あるいは、保証を免除する交渉を別個に行う必要がある。

　従前、連帯保証人の債務についても、法的な手続で処理されていたであろうと思われる。それ以外の方法で連帯保証債務を消滅されることが困難であったからである。しかし、新破産法の趣旨や私的整理等の手続を行い再生を図っても、その企業の経営者がいなくなる等の事情があることから、事業再生の局面では、連帯保証債務についても、一定の条件のもとに、法的手続によらずに、保証を免除するということが行われている。

　この一定の条件というのは、大まかに言えば、財産や収入の状況を明らかにした上で法的手続（一般的には破産手続）を取った場合と同様の手法で、一定の財産の保有を認めた上で残余財産による債務弁済を行うというものである。そこで、第一段階として、財産や収入の状況を明らかにするという作業が必要になる。しかし、これは法的手続による場合には破産管財人等の第三者機関が確認することになるが、私的整理においては自己申告にならざるを得ない。しかし、それではいかにも信用性がないことから、場合によって、弁護士を介在させて、弁護士が債務者から聞き取りしたり、内容を確認して、その作業を行うということがある。それでも、基本は自己申告であることから、表明保証をさせ、その真実性を確保しようということになる。これが、ここで言う「表明保証」の意味ということになる。

　ところで、表明保証をしたにもかかわらず、それが虚偽だった場合には、何らかの制裁が必要になる。保証免除の効力が失効する、表明保証違反の当事者に補償請求をすることができる等の条項が規定されることが通常と思われる。その詳細な法的な構成については、現在、検討されているところである。実務上は、債権証書をどの時点で返却するのか、表明保証がなされた時点で連帯保証債務が免除されるような場合にはその時点で返却するのか、それとも一定

の期間経過を見て、その時点で確定的に免除の効力が生ずるからその時点で返却するのか、悩ましい問題がある。債権証書の返却以外にも、いずれにしても、財産及び収入が申告のとおりであることを表明し、これを保証し、これに違反した場合には、保証の免除が効力を失い、免除前の請求額全額を請求できるというのが大まかな内容となると、どの程度の差異があると違反したことになるのか、有効となる期間はいつまでか、等実務的に留意した方が良い点が多々ある。

(4) コベナンツ条項

最後に、「コベナンツ」について、見てみたいと思う。

コベナンツとは、融資の契約を締結する際に、契約書に記載することのできる一定の特約事項のことと説明されている。具体的には財務制限条項や格付維持条項等があり、これらの条項が守られなかった場合にはその時点での資金の全額返済や金利優遇の取り消し等がペナルティとして課される。一般的にはシンジケートローン等でよく使われているようである。

事業再生においても、金融機関との間で、銀行と借り手が共同で事業を検討し、万が一なんらかのリスクが発生してもモニタリングによりリスクを早期に発見することを目的にして、そのことに関する条項が設けられる場合がある。一定の事項について報告義務を課したり、協議事項を定めたりすることになる。

何故ここでコベナンツを取り上げたかであるが、事業再生におけるコベナンツ条項は、いわばモニタリングの役割を果たすからである。民事再生手続においても、再生計画が可決認可された後も3年間は監督委員の監督が継続する。これは従前の和議くずれと言われたような事態を避けようとするものである。また、中小企業再生支援協議会のスキームにもモニタリングを行うとされている。

㈱産業再生機構のスキームも同様である。

　事業再生においては、どの程度の権利を失うのか、それを確定される再生計画の立案については重要視されて、注目を集める。しかし、その後、再生計画が確実に履行されているかどうかについてまで注意が回らない。履行されなければ、計画に対する信頼性はなくなるし、債務者のとっても従前と同様の経営に陥って二次破綻を招きかねない。そのような意味で、事業再生についてはモニタリングが重要である。私的整理においてコベナンツ条項を置くことは重要と考える所以である。

第3節　整理回収機構

1. 概要

　㈱整理回収機構（RCC）は、預金保険機構100パーセント出資して設立された株式会社で、1999年4月1日に発足した会社である。その業務は具体的には、①特定住宅金融専門会社の債権債務の処理の促進等に関する特別措置法（住専法）に基づく破綻した住宅金融専門会社の債権回収、②預金保険法及びその附則や、保険業法等に基づく破綻金融機関の債権買い取り、③金融機能の再生のための緊急措置に関する法律に基づく健全金融機関等からの債権の買い取り、④金融機能の早期健全化のための緊急措置に関する法律等に基づく金融機関に対する資本注入等を行っている。

2. 整理回収機構の企業再生スキーム

　整理回収機構の企業再生スキームは、先程述べたとおり、メイン行主導による私的整理について、透明性と公平性を確保し、中立的な立場で債務者・債

第 2 章　私的整理 —主として法制度的視点から—

権者間の利害を調整する第三者の必要性が認識されたことから、行われるようになったものである。

　スキームの具体的な内容は、整理回収機構自体が主要債権者として関与するもので、整理回収機構の企業再生部門の意思決定機関である企業再生検討委員会が、再生計画着手の可否を判定して企業再生への取組を決定する「RCC 企業再生スキームⅠ」と、主要債権者の一つである金融機関からの委託を受けて、整理回収機構が公正中立な立場で債務者企業の再生可能性を審査し、企業再生検討委員会が再生計画着手の可否を判定して企業再生への取組を決定する「RCC 企業再生スキームⅡ」とがある。

　RCC スキームのメリットとしては、債権放棄をした場合の税法上の特例が認められる点等があげらる。

3．実績

　整理回収機構の企業再生実施案件（整理回収機構が再生計画の作成過程において関与したもの）は、2001 年 11 月の企業再生部発足以降 2013 年 3 月末現在で、法的再生が 88 件、私的再生が 595 件の合計 683 件と公表されている。

4．栃木県内の状況

　整理回収機構は、県内信用金庫等が破綻した 2002 年に宇都宮分室を開設し、2003 年に宇都宮支店とし、その後、2011 年 2 月まで支店を置いていた。

　整理回収機構の県内における譲り受け債権の回収については、様々な評価が可能である。一方では、競売一本で何も考えていない、という評価もあろうし、他方では、十分な債務免除によって事業が可能になった、という評価も可能で

ある。もっとも、上記の評価の分かれは、時期によってもその傾向が分かれる可能性がある。

　ところで、整理回収機構による県内の企業の再生案件は、前記のRCC企業再生スキームによったものもあるが、その他にも、中小企業再生支援協議会スキーム等の中で整理回収機構が債権者として関与した再生案件、債務者との協議によって再生スキームを作り上げたものもある。特に、足利銀行の破綻に伴い、多くの温泉旅館等の債権が整理回収機構に譲渡されている。これらの債務者の事業継続等については、整理回収機構の方針が大きく関係したことは明らかである。前に検討した破産手続の新受件数の動向から、また、現に現在事業を継続している事業者の存在からすれば、整理回収機構が県内で事業継続のために果たした役割は決して少なくないと評価することが可能である。

　ただ残念なのは、整理回収機構による事業継続の役割は、再生スキームによる場合は別として、主に債権放棄という形で行われ、事業の実質的な分析やその後のモニタリングが行われないという点である。これは債権の回収という観点からの話で、必ずしも事業再生を念頭にしたものではないから、やむを得ない面がある。むしろそこでは弁済額の合理性がどのように担保されているのかが問題であって、事業の継続は結果論でしかない、と割り切ることも可能である。しかし、そうではあっても、結果として事業が継続される以上、財務体質を改善し、他の金融機関から借入が可能になるということが好ましいことであることは明かである。そして、そのためには、デューデリジェンスやモニタリングが不可欠であると思われるが、必ずしもそれらが行われているということではない。

5. 債権譲渡

　RCC企業再生スキームとは直接関係しないが、今述べたとおり、足利銀行

の破綻に伴い多くの債権が整理回収機構に譲渡された。この債権譲渡による債権の裁判上の回収については、買取価格が債権の額より低額なのに何故債権額を請求されるのか、その差額が大きいならば暴利行為になるのではないか、暴利かどうかを明らかにするため買取価格を開示せよ、というような議論がなされた。

　この議論は、理論的には、当該債権によって債権者が受領を許容される額とその経済的な価値とは連動しない、ということである。しかし、金融機関からいわゆるサービサーに債権が売却されると、サービサーは大幅に債権額を下回る弁済で請求を放棄してしまうことがある。これは、買取価格より以上の弁済があればそれが利益となるからである。そのようなことと比較すると、理屈はともかく、事実上、債権譲渡の際に買取価格がいくらだったのかということを全く無視することは不可能と思われる。

　話は別になるが、金融機関がある程度の回収を図り、その余の回収が期待できない残債権をサービサーに備忘価格で譲渡することがある。債務者としては一定の弁済をしたことによって残債権については免除されたものと考え、金融機関も残債権については請求行為をしないものとしている場合が多い。それにもかかわらず、サービサーから請求があると、債務者が従前の約束と違うと感じ、約束違反だと思うのも当然である。このようなケースについては、サービサーに請求行為をしないということが適切に引き継がれることが不可欠である。

　因みに、債権譲渡によって事業再生を行うような場合も存在する。大口でほとんど唯一の債権者が、債務者を支援する第三者に、当該債権を譲渡（売却）することによって、以後、買受人が適宜債務免除等の支援をすることによって、事業の再生を図るというスキームがそれである。許認可に関する事業を行っている場合等は、このような債権譲渡による再生スキーム以外に存在しない場合もある。

第3章　私的整理と倒産法制

第1節　私的整理と法的手続の役割分担

　私的整理は、事業の再生という局面でより重要な役割を果たす。これは、非公開で一部の債権者との協議によって利用可能な手続であることに由来するものである。

　法的手続による場合には、債権者平等の原則が厳守される。したがって、法的手続が開始された場合には、取引債務も金融債務も同じ規律に服することになる。これを回避しようと、予め取引債務を弁済してしまうことも考えられるが、それは否認の対象とされ、結果的に効力を否定されてしまう可能性が大である。これに対し、私的整理は、基本的には金融機関との調整が主眼で、取引債務については特に対象とすることはない。その結果、外観上は通常の業務が遂行されており、取引の決済が行われる。したがって、私的整理の場合には、債務者の信用毀損が最小限度に済み、収益悪化への影響が少なくて済む。それ故、金融機関の債権回収も増えるという関係になる。私的整理は事業再生の場合、まず検討すべき手続ということになると思われる。

　もっとも、金融機関との合意の見込みがない、権利関係が錯綜している等の問題がある時には法的手続による再建を考えざるを得ない。法的手続が申し立てられると、一般的には弁済が禁止されるが、最近では、例外を弾力的に運用することにより、取引債務の弁済を可能にし、信用毀損を最小限度に押さえ込むような法的手続の運用もされている。日本航空㈱の会社更生事件では、取引債務については全体が弁済禁止の例外とされていたことは記憶に新しいところである。

これに対し、清算を念頭に置く場合には、やはり法的手続によるのが通常である。

第2節　私的整理と法的手続のブリッジ

　第1章第5節の特別清算の項で述べたとおり、私的整理の最終的な局面で法的手続による清算手続きを利用する場合がある。その意味で、私的整理はそれだけで完結するというのではなく、それに引き続く法的手続を前提とする場合がある。また、私的整理が不調に終わることも当然に想定しなければならない。そのような場合には、法的手続による解決を模索する必要がある。

　私的整理で行ったことが、法的手続で役に立たなければ、それまでに費やしたエネルギーやコスト、それに時間が無駄になってしまう。そのようなことから、無駄なく、私的整理から法的手続へ移行させるための検討がなされている。

第3節　事後処理型と事前調整型

　これまで手続順にそれぞれの外観を見てきた。それらを俯瞰すると、大きな流れがあることに気付く。それは、倒産という大きな事件を、これまでの法制度は事後的に処理するという、いわば事後処理型の建付になっていたのが、次第に倒産という事件が起こる前に、関係者の利害を調整しながら、可能な限り全部または一部の事業を継続していこうという、いわば事前調整型になってきているということである。このような発想の違いの根底にあるものは、経済的な失敗は誰でもあり得るのであるから経済的更生を可能にする余地を残しておくべきだとする新破産法とも通ずる考え方ではないか、と思う。

第Ⅲ部　企業再生に係る法制度の変遷と問題点

　このような考え方の転換は、ここ20年の経済が低迷していた日本という、時間、場所、状況と無関係ではない。この間に倒産法の持つ印象も相当違ったものになってきている。
　ただ、このような変革は、経営者の保身を図る制度としてもたらされた訳ではない。関係者に与える影響の重大さ、経済的なロスの発生、それら全体の利益を図る調整としてもたらされたものである。それを事業が継続されるという現象を捉えて、経営者を保身するものだと非難したり、反対に、保身を図るためのものと利用することは適切ではない。次に会社分割の濫用事例を検討するが、そのような行為をすることは再生に有用な手段への不信を招きかねない。そのようなことのないよう、手続の適法性、公平性等を保ち、きちんとした説明責任を果たせるようにすることが、手続に関与する弁護士の重要な役割の一つと言うことができる。

〈参考文献〉
多比羅誠、須藤英章、瀬戸英雄「私的整理ガイドライン等から会社更正への移行」『NBL』886号7頁

第4章　第二会社方式

第1節　第二会社方式

　これまでは、倒産法制や私的整理の外観を見てきた。以下では、最近、企業の再生の手法としてよく用いられる第二会社方式について、検討したい。

　この第二会社方式とは、破綻企業の事業を不採算部門と収益性のある優良部門とに分離し、不採算部門を特別清算等により清算処理する一方、優良部門については事業譲渡もしくは会社分割で「第二会社」として承継し、その事業の継続を図るというもので、そのメリットとしては、債権放棄の手続が不要（債権は不採算部門に残され法的手続によって処理される）で税務上の損金算入が容易に認められること、想定外の債務を第二会社が承継することを阻止しやすいこと等が挙げられる。

第2節　会社分割

1. 会社分割とは

　第二会社方式には事業譲渡の方式もあるが、会社分割の方式もある。

　会社分割は、2001年4月1日、当時の商法に導入された制度で、会社を複数の法人格に分割してそれぞれに組織や事業を引き継がせる制度である。現在は会社法で規定されているが、会社法における会社分割の定義は、株式会社又は合同会社が、その事業に関して有する権利義務の全部または一部を、他の会社に承継させることを目的とする会社の行為とされている（権利義務を承継する会社を、吸収分割承継会社または新設分割設立会社と言うが、本書では、

分かりづらい点があるので、元からある会社を「旧会社」、新たに権利義務を承継する会社を「新会社」と簡単に言うこととする)。

　部門売買という観点からは事業譲渡に類似しているが、事業譲渡が「個々の資産」の譲渡であるのに対して、会社分割は「事業部門一体としての切り離し」という点が異なる。企業の不採算部門の切り離しや、異なる企業の同一部門をお互いに分離・統合しスケールメリットを求める場合、あるいは持株会社化等に行われ、法人の事業部門の全部または一部を、既存法人や新設法人に移転することになる。全部の事業を移転すれば、経済実態上は「合併」と同様の効果が得られる。また、中小企業における事業承継においては、この制度を利用して、例えば、長男と次男に分割により切り離された事業を、それぞれ承継させるといったことも可能になる。

2. 会社分割の濫用

　ところで、最近では、再生案件において会社分割の濫用を指摘する意見もある。裁判例を見ていると、会社分割が法人格否認の法理や債権者取消権等によって否定されている事案も散見される。新設分割について債権者取消権の行使を認めた最高裁判所の判決も出ている (最高裁判所第2小法廷2012年10月12日判決)。

　この問題は、Bad会社の事業価値をどのように考えるのか。つまり、本来一体としての事業であるものの一部が先行して譲渡されていることによって旧会社の事業価値が減ずることになるのか。という問題が指摘されている。

　確かに、理論的には事業価値が減ずることはない。それに見合う株式等が旧会社に移転しているからである。つまり、新設分割の際に譲渡資産に見合うかあるいはそれ以上の負債を新会社に承継させることによって、その対価をほ

とんど旧会社に取得させず、しかも、旧会社が取得した新会社の株式を、その株式は前記のとおり譲渡資産とそれに見合うような負債を有する会社の株式なのでほとんど対価なく、第三者に譲渡することによって、新会社による事業は継続し、他方、分割会社に残され新設会社には承継されなかった債権者は、ほとんど引き当て財産もない状況になる、という事態が発生する。

しかし、実際には譲渡された事業には収益力があり、旧会社に残される事業はほとんど収益がない。そうすると、旧会社に残された債権者は収益による弁済を受けることができなくなってしまう。特に風営法等の許可について、その許可にかかる事業が新会社に譲渡されてしまうと、例えば距離制限なので当該許可を新規取得ができない場合、そのような不都合は顕著である。

県内の破綻した企業の中には、このような濫用を思われる会社分割を利用した事例がないではない。そのような会社分割は債権者を害することであることは明らかである。会社分割が正当な手段として信頼されるには、このような濫用を防止する手段が講ぜられなければらならない。現時点（2013 年 5 月※ 2013 年 6 月 20 日改正会社法成立）で、会社分割については会社法改正の中で議論がなされている。債権者保護手続きの整備や濫用的な事例について新会社に旧会社の債務の支払義務を課すような制度が検討されているようである。今後の改正作業には注意する必要がある。

第5章　最後に

　本稿は、約20年間の倒産に関する法的手続や私的整理の状況を、筆者が知り得、感じ、考えたことを中心に、まとめた。改めて思うのは、20年間に随分倒産に関する思想が変化し、それに伴って、様々な方法・手段が考案されてきたのだということである。これらの方法、手段はまだ完全なものとはいえない。また、時代とともに変化し続けなければならない。しかし、本来ならば大きな影響を多数の関係者に与える倒産という事態を、可能な限り縮小化し、そのロスを減らし、公正・公平な解決を目指すという思想は正当なもののように思われる。そのような観点から、更なる検討を続ける必要がある。そして、そのような思想を現実にしていく役割を弁護士が担っていかなければならない。

　また、県内には数多く再生された企業が存在しているはずである。しかし、そのことはあまり実感されていない。それは何故か。報道があまりなされないからか。大企業の動向の中で埋没してしまっているからであろうか。よく考えて見る必要がありそうである。

　更に、債務免除を受け支援を受けた企業は、それが公的であるかどうかは別として、第三者による経営支援を受けたものである。その自覚のうえで、事業の再生を図らなければ、債務免除を得て良かっただけで済ませてしまうのは、不適切のように思う。むしろ、自覚的に、フォローアップをしていく必要があると言えるのではなかろうか。

　栃木県内の再生案件には、多くの県外の専門家が関与している。しかし、それでは十分ではない。その企業をよく知って貰って、再生を確実なものにし、更に発展を望むためには、日頃の検証と検討が必要なはずである。地元の多くの専門家も地元の企業の発展には惜しみなく協力する志を持っている。むしろ、

第5章　最後に

地元に根ざした地元の専門家を企業側も活用し、専門家と企業一体となった地元企業育成体制が必要と考える。2013年の夏には、地銀2行及び信金信組が地域ファンドを立ち上げた。第1ラウンドは足利銀行の破綻に始まり、どちらかといえば国のリードでなされた感は否めない。しかし、第2ラウンドはオール栃木で企業の再生をできればと望んでやまない。

あとがき

　足利銀行が、2003年11月29日午後9時、政府の預金保険法102条に基づく金融危機対策会議で一時国有化を決定されてから10年、2013年12月19日一時国有化された足利銀行の持ち株会社、㈱足利ホールディングスが東京証券取引所市場第1部に再上場した。待ちに待った県民期待の再上場を果たした。このことは、株の棄損等、県民にとっては無念の傷を負いつつも、足利銀行を信頼し、破綻時やその後も再起を願い、大部分が離れないで足利銀行を支え続けたこと、いわば見えない県民の信頼に基づいて築かれた強い心の絆、「絆の自己資本」があったからこそである。そのことを心に秘め、それが大きな力になって再起を実現したことを忘れてはならない。また、複雑な思いを負いつつ離れていく友を見ながら、残り、頑張り通した行員諸君にもエールを送らなければならない。そして今も依然として、県内金融シェアは大きく、県経済の牽引車になっていることは間違いない。この責任の重さを忘れることなく、時には、過去の苦しみを振り返り、立ち止まって現在を検証しながら、過去の教訓を前進と成長のばねとして、未来を考え、県民の幸せと県内企業の発展のために突き進んでほしい。そしてこの拙書がその糧の一端になれば幸いである。また、この書は、分析不足や思慮浅薄の点が多々あるのは重々承知のうえ、まずは、今までの知り得た資料と記憶、そして当時を思い起こし、県民の動揺した心境等を思いめぐらし、できる範囲で、それが色あせないうちにと、まとめたことを重ねて付け加える。
　今後、研究する人達、あるいは、破綻の経緯と県内企業再生の経過と足跡を知りたい人達の更なる深い分析等の一助になれば、筆者一同望外の幸

いである。
　終わりに、この書を出版するにあたり快く引き受けてくださった下野新聞社、そして編集にあたって格別なご理解とご指導をいただいた同社事業出版部の嶋田一雄氏をはじめ皆さまには心から感謝を申し上げる。

平成27年　3月

山﨑美代造
斎藤秀樹
蓬田勝美

著者略歴

山﨑美代造（やまざき　みよぞう）

　1936年4月　栃木県日光市（旧今市市）に生まれる。

　宇都宮大学農学部農業経済学科卒、1966年茨城県庁から栃木県庁入庁栃木県商工労働部工業課長、企画部地域振興課長、企画部次長兼企画調整課長、監査員事務局長、林務部長、県理事兼（公財）下水道公社理事長等歴任。

　県退職後、福島大学院修士課程及び研究生修了〈経済学修士（地域経済学）〉、東京農工大学院博士課程修了〈農学博士（地域経済学）〉。

　（公財）県生涯学習振興財団理事長、（特法）県信用保証協会会長、（公財）県産業振興センター会長、㈱とちぎ産業交流センター代表取締役社長、作新学院大学非常勤講師、労働省栃木県地方最低賃金審議会委員等を経て、2004年7月、㈱とちぎインベストメントパートナーズ代表取締役社長（足利銀行破綻に伴う企業再生ファンド運営会社）就任。鬼怒川温泉あさやホテル等のホテル、関東自動車㈱、食品スーパー㈱ヤオハン（栃木市）、渡辺建設㈱等の再生企業の各監査役を兼務し、県内30の中堅中小企業の再生を手がける。

　現在、社会福祉法人つながるほいくえん釜井台、御幸が原、及び学校法人やまざき学園釜井台幼稚園勤務。

〈主要著書等〉

「地域づくりと人間発達の経済学―リゾート地域整備の評価・農産物直売所・農村レストランを中心に―」（御茶の水書房、2004年）

「自然と人間と経済の物語」（下野新聞社、2006年）

・1999年度全国農業経済学会発表（リゾート政策の評価と農産物直売所の実態分析）

・銀行法務（経済法令研究会）等専門誌掲載の論文。

斎藤 秀樹（さいとう　ひでき）

1976 年 12 月　栃木県鹿沼市に生まれる。

埼玉大学経済学部経営学科卒、1999 年公認会計士第二次試験合格、同年、朝日監査法人（現（有）あずさ監査法人）入所、2003 年公認会計士登録、2006 年㈱ウィステリアコンパス設立（代表取締役）、同年公認会計士斎藤秀樹事務所開業、2012 年税理士登録（税理士登録番号 121509）、2013 年経営革新等支援機関登録。

㈱産業再生機構出向、栃木県中小企業再生支援協議会出向、㈱ジェイ・コーチ取締役、関東自動車㈱非常勤取締役等歴任。現在、栃木県公認会計士会幹事、栃木県中小企業家同友会理事、栃木県中小企業再生支援協議会外部専門家、とちぎネットワークファンド投資委員会投資委員。

蓬田勝美（よもぎた　かつみ）

1961 年 11 月　栃木県足利市生まれ、真岡市出身。

中央大学法学部法律学科卒、1986 年司法試験合格（司法修習 41 期）、1989 年弁護士登録（第一東京弁護士会）、1995 年栃木県弁護士会に登録替え、蓬田勝美法律事務所開業。

2012 年栃木県弁護士会会長、県内の倒産事件の破産管財人（常置代理人）、監督委員、関東自動車㈱非常勤監査役㈱整理回収機構宇都宮支店協力弁護士、等歴任。現在、栃木県中小企業再生支援協議会外部専門家、経営革新等支援機関、中小企業基盤整備機構支援専門家、全国倒産処理弁護士ネットワーク理事、栃木県労働委員会公益委員。

足利銀行一時国有化と企業再生の軌跡
―歴史の記録として―

平成 27 年 3 月 31 日　初版
平成 27 年 5 月 25 日　初版　第 2 刷

著　者：山﨑美代造
　　　　斎 藤 秀 樹
　　　　蓬 田 勝 美

発行所：下野新聞社
　　　　〒 320-8686 宇都宮市昭和 1-8-11
　　　　電話 028-625-1135（事業出版部）
　　　　http://www.shimotsuke.co.jp
印刷・製本：株式会社 井上総合印刷
装丁：デザインジェム

©2015 MIYOZO YAMAZAKI
　　　 HIDEKI SAITO
　　　 KATSUMI YOMOGITA
Printed in Japan
ISBN978-4-88286-588-9

＊本書の無断複写・複製・転載を禁じます。
＊落丁・乱丁本はお取り替えいたします。
＊定価はカバーに明記してあります。